文创产品设计及案例

张岚 著

东华大学出版社

图书在版编目（CIP）数据

文创产品设计及案例 / 张岚著. -- 上海 : 东华大学出版社, 2023.12
ISBN 978-7-5669-2297-7

Ⅰ. ①文… Ⅱ. ①张… Ⅲ. ①文化产品－产品设计 Ⅳ. ①G114

中国国家版本馆CIP数据核字(2023)第241570号

策 划 编 辑： 徐 建 红
责 任 编 辑： 刘　　宇
书 籍 设 计： 东华时尚

文创产品设计及案例
WENCHUANG CHANPIN SHEJI JI ANLI

张岚　著

出　　　　版：东华大学出版社（地址：上海市延安西路1882号　邮编：200051）
本 社 网 址：dhupress.dhu.edu.cn
天猫旗舰店：dhdx.tmall.com
销 售 中 心：021-62193056　62373056　62379558
印　　　　刷：上海颛辉印刷厂有限公司
开　　　　本：889mm×1194mm　1/16
印　　　　张：10.25
字　　　　数：350千字
版　　　　次：2023年12月第1版
印　　　　次：2023年12月第1次印刷
书　　　　号：ISBN 978-7-5669-2297-7
定　　　　价：168.00元

目　录

第一章　文创产品的特征

　　文创产品的核心特征体现在文化背景与创意两方面。因此要求文创产品一方面具备普通创意产品的新奇特征，能使观者眼前一亮；另一方面还要其承载普通创意不具备的文化价值。只有具备这样双重特征的产品，才能在满足消费者物质层面的需求的同时，满足消费者心理和精神层面的需求，创造出文创产品独有的体验价值，实现文创产品美化生活的特殊意义。本章将从文创产品的文化艺术性、地域民族性、纪念实用性、时代商业性四个方面展开阐述。

第一节 文化艺术性

在设计文创产品时，设计者可以从历史背景、时代特色、地方传统、民族习惯、团体共识等角度去考虑其文化性，并以此为线索总结出文创产品设计时的文化基因。体验式消费作为当下市场特征之一，当文创产品所体现的某一文化内涵与消费者产生情感共鸣时，消费文创产品真正的乐趣和意义就有可能产生。所谓情感溢价也正是由文化性特征所产生。

文创产品中对于文化性的体现，绝非照搬复制，而是以创意为核心的再设计与转化：可以是上述某种文化元素的创新应用，也可以是多元文化元素的跨界应用。只要注意把握文化的精神内核，传达真情实感，就有可能利用好文化共鸣的优势，打动消费者。

对文创产品艺术性的要求，应当是每件文创产品具有的特质，是文创产品设计者始终应当贯彻的信条。艺术性需要考虑材料、环境、形式等综合因素，其中重点是对于审美规律的遵循及灵活应用。以达到外在符合形式美感要求、内在满足精神欣赏功能的最终目的，才能给消费者带来愉悦的感受，同时唤起人们的生活情趣和价值的体验，使文创产品与人沟通、与生活沟通。

第二节 地域民族性

不同地域自然条件不同、历史积淀不同，形成了不同的文化生活。一个地区的文化形态蕴涵着当地的民族哲学、艺术、风俗以及整体价值体系。

地域文创产品设计是文创产品设计中的常见案例。基于一个地域风土人情的特色设计，考虑地域环境的适应性设计和文化资源的传承性，是此类设计常用的手法。

一、基于地域风土人情的直观形式表现

风土人情中，必然涉及自然环境、人造空间、人物、动物、植物等各个方面。这些因素可满足审美形式感对于动静结合、有机无机并存、点线面等各方面的要求。而当地的各类自然人文要素，必然携带相关内涵与情感。因此将一个地域的风土人情元素直观呈现，已可初步满足地域文创产品设计的要求。

二、基于地域文化环境的文创方案表现

不同的地域基于不同的发展背景，形成不同的文化空间。即使同属华夏文明，不同区域也呈现出各自丰富多彩的特色。把握并强调地域文化特色，提取地域文化中的相应符号对于设计代表一定地域的文创产品很有利。在传播文化的同时，满足地域性设计的基本设计方法是提取传统文化中符号模式及功能模式应用于现代设计之中，以满足本地内人群的集体审美意识，造成不同地区人群由于文化差异而产生的好奇心，进而引起购买兴趣。

三、基于民族性的文创方案表现

"民族的才是世界的"，挖掘民族特色历来是时尚设计领域的有效途径，历史上很多设计大师都热衷于调研有民族特色的文化进而延展设计。同时由于文创产品研发往往与旅游产业密切相关，而我国少数民族地区的旅游业也是近来国家重点支持的产业。综合因素促使我们必须考虑并掌握民族特色元素应用于文创产品设计的方法。

一般来说，一个民族由于历史、语言、文化、风俗、环境的不同，在生活环境、服装服饰、宗教信仰、生活场景等方面，均会呈现出不同特色。对于民族性元素的把握，一方面是对形式元素的外在应用，另一方面是对民族精神内核的弘扬传播。

第三节 纪念实用性

情感价值是文创产品的重要特点之一。纪念性正是文创产品对一定时期、一定事件情感和记忆的承载。以这种方式感知现实生活，丰富个人情感，充实集体文化意向有时能起到鼓舞和教化人心的作用。纪念性要求文创产品在带给消费者愉悦审美之外，还要帮助消费者回顾过去、联系当下、展望未来。基于此，纪念类文创产品一方面要体现与纪念物的关系，以此唤醒某种记忆；另一方面应当以时尚有趣的方式将被纪念内容表现出来，使消费者在愉悦审美的心情下，感受纪念带来的积极意义，而不是被教育的沉重体验。

纪念类文创产品需重视其实用性，以此实现纪念意义更好的推广。特别是我国文创产品市场现状：人们为满足精神需求的消费习惯才刚刚开始，文创产品只有具备实用性，才可以更好地保证纪念类文创产品的销售，为纪念性文创产品实现更大的价值加码。

象征手法，是纪念性文创产品设计时常用的方式，即以视觉符号或形象代表某一概念，以此阐述与形象相关联的背景含义。

一、人物类纪念文创产品

在新时代我国文化创意产业和博物馆文创产品不断发展的趋势下，作为宣传伟人精神、弘扬中华优秀传统文化重要机构的人物类纪念馆应该牢牢把握住这一重大历史机遇，在全面掌握国家相关扶持政策、博物馆文创产品发展现状的基础上，加强相关理论研究，借鉴具有代表性单位的宝贵实践经验，在文创产品的设计与开发、制作与销售等方面逐步探索出一条适合自身运营的良好管理模式，以此带动此类场馆的不断进步，促进人物类纪念馆整体的可持续发展，从而为中国博物馆乃至中国特色社会主义文化事业的繁荣作出应有的贡献。

人物类纪念馆作为社会教育机构，无论采取何种形式进行文创产品的设计与开发，都是需要通过弘扬人文精神，将公共教育这一社会效益作为首要的目的和原则。同时，以文化促进经济，借助文化产业和文化创意产品这一大的发展趋势，可以使人物类纪念馆丰富的藏品和文化资源与创意产业相结合，实现通过文创产品来对人物纪念馆进行宣传的目的，可以形成独具场馆特色的品牌形象；另一方面，通过实现文创产品良好的产销模式，可以为人物类纪念馆带来一定的经济效益，用于基础设施的维护、馆藏文物的保护以及员工工作效率的激励措施等。

（一）人物类纪念文创产品特征

1. 政治性

关于人物类纪念文创产品，由于杰出人物有关遗物的保护收藏机构，宣传教育机构，科学研究机构性质决定的特殊政治性，在进行文创产品的开发与设计过程当中，首先要考虑的就是政治性。人物类纪念文创产品的设计思想和内容必须经过地方各层级行政机关的审核，涉及领袖人物的甚至需要通过中央有关部门的批准才能开展下一步的实施工作。因此人物类纪念文创产品要严把政治关，明确内容与形式设计的政治方向，树立正确的意识形态，不允许出现任何政治性错误。

2. 纪念性

不同于其他类型文创产品，人物类纪念馆是为纪念杰出历史人物而建立的重要场所，通过展示纪念对象杰出的丰功伟绩，弘扬人文精神，使观众在参观时对历史人物产生怀念和敬仰之情。因此，人物类纪念文创产品在内容或形式上需要在一定程度上体现出纪念性的特征，例如，在设计过程中，可以在内容中加入纪念对象的名言警句、手迹等元素，在形式上可以借鉴与纪念对象有关的重要建筑、事件、物品等因素，使得文创产品在内涵或外观上都能包含着对纪念人物的缅怀之情，这样就使观众在购买行为发生之后，可以将在纪念场所内产生的情感通过文创产品获得进一步延续。

（二）人物类纪念文创产品设计与开发的选取角度

人物类纪念馆可以在充分维护政治敏感和保持政治方向正确的前提下，设计并开发出符合政策规定，适合自身发展且为社会大众所接受的文创产品，可以在以下几方面进行尝试。

1. 挖掘馆藏文物资源

馆藏文物是支撑人物类纪念馆各项事业可持续发展的基础。文创产品的开发必须以馆藏文物作为依据。任何形式的人物类纪念馆文创产品，都应从独具特色的馆藏文物资源出发，提取具有本馆典型特征的文化符号，复制和强调馆藏文物的精神内涵，满足观众对于纪念对象进行怀念的精神需求。

2. 进行人物研究

人物类纪念馆是通过展示重要历史人物的生平事迹、宣传重要历史人物的精神风范，以表达对纪念对象深切缅怀的重要场所。对于纪念对象的相关人物研究也是人物类纪念馆的重要职能。除了可以从馆藏文物发掘、提取文物元素之外，设计者还可以通过档案、文献等相关史料进行人物研究获得设计灵感。因此，依托纪念对象的生平事迹和精神风范等人物研究成果，可以设计、开发出一系列文创产品，比如人物像章、高仿手迹艺术品等。观众通过购买的文创产品加深了对场馆历史知识的记忆，从而使文创产品公共教育的首要目的得以实现。

总之，通过挖掘馆藏文物资源、进行人物研究、配合展览主题、结合地域特色等方式，人物类纪念馆可以将伟人精神、故事转化成受游客和观众喜爱的文创产品。当然，文创产品开发还需要较强的创意策划与艺术设计能力。只有多措并举，内外兼修，才能使文创产品更有内涵、更有意思。

案例：纪念实用性文创产品——宋庆龄故居文创方案

设计思路：宋庆龄故居文创方案是用与宋庆龄女士生活相关素材设计完成。原始素材中的轿车是宋庆龄女士在上海期间使用的专车，此车采用当时苏联政府专门为党和国家领导人设计制造的车型；墨竹作品、人物形象铜版画均为宋女士收到的友人赠礼；书法作品为宋女士写给孙中山先生的信件，目前以上文物均现存于宋庆龄故居。

设计师：靳博暄

二、红色革命意义类文创产品

"器以载道，物以传情"。红色文创产品作为传递红色基因的器物，它所承载的精神内涵被人们所感知，才能达到触动于心的效果。

党的十八大以来，以习近平同志为核心的党中央高度重视红色资源利用、红色基因传承工作，反复强调要用好红色资源、传承好红色基因。随着建党百年各类庆祝活动的举办，越来越多的年轻人更关注红色历史，同时对红色文创产品有了更高的要求和期待。面对蓬勃发展的新兴文化产业，深入地研究红色文创产品，既是推动文化和社会经济发展的重要一环，也是传播红色基因的新时代需求。

关于红色文创产品设计需重视以下几方面特性。

（一）尊重红色文化的历史真实性

"以史为鉴，可以知兴替"，研究历史是文化传承和发展的根本之道。若没有对红色历史充分了解和研究，很难有效地传递红色基因。尊重史实是创作红色历史题材文创产品的基础与底线。同时用史实说话，可增强文创产品的表现力和影响力，生动地传递红色文化。

（二）把控红色文化题材的隐喻性

文化创意产品包含很多隐喻元素，它们通过产品的造型、色彩、功能、材质等特征，默默地映射着文化的背景和意蕴。红色文创产品设计一定要坚持守正出新，牢牢把握正确导向，寻找红色文化元素与创造性转化的最佳契合点，确保对红色文创产品的开发、阐释和传播起到弘扬正能量的作用。唯有如此，才能保障红色文创产品整体大气而不失文雅，推动其持续健康发展。

（三）拓展红色文化内涵的纵深性

一方面，深入且细致地刻画红色文化元素，反映到产品的外观，其造型、色彩、材质等能让人感受到浓厚的"红色韵味"。另一方面，挖掘不同地域，不同时期红色文化的特色、差异，突出其"独特面貌"。对于未亲身经历过革命年代的青年群体来说，独特的表现形式会激起他们的好奇心，增强产品的文化传播效果。

（四）跟进红色文化载体的时代性

红色文创产品作为红色文化与现代用户之间的重要沟通桥梁，需要不断更新其所承载的时代价值，并与现代的消费需求相结合，让红色精神通过多样化形式更好地传递给消费者，形成巨大的吸引力与传播力，实现文创产品传递红色基因的宗旨。同时，遵循现代生活方式也是维持红色文创产品可持续发展的重要保障。

案例：纪念实用性文创产品——焦裕禄主题文创方案

设计思路：焦裕禄主题文创方案反映出焦裕禄同志是我们学习的榜样，焦裕禄精神给予我们方向和力量。"亲民爱民、艰苦奋斗、科学求实、迎难而上、无私奉献"，短短 20 字，道尽为民爱民的为官真谛。将焦裕禄精神应用于办公用品的设计中，时刻以进步同志的觉悟感召工作人员，传递工作力量。本套作品以习近平总书记对焦裕禄精神做的概括为核心设计灵感，结合焦裕禄同志经典形象，共同呈现在系列办公用品中。文字以书法字体表现苍劲有力，焦裕禄的经典形象，以铜板雕刻的艺术手法处理，庄严肃穆，结合丝绸面料的精致细腻，具有较好的艺术表现力。图形、文字从形式上以点、线、面手法穿插排列，严谨而富有节奏感。色彩上以红色为主，黑色为辅，辅以棕色、米色、金色从中过渡，体现庄重、进步特色的同时，协调流畅。本系列作品包含四款笔记本套装，分别为：平装记事本、绑带手账本、精装活页本以及带充电宝的多功能笔记本。其中各类笔记本的封面均可用丝绸制作。每款产品内含细节丰富，涉及钢笔、U 盘、回形针、保温杯等多个品类，可根据需要灵活组合。

设计师：薛小博

第四节　时代商业性

　　受市场欢迎的产品设计必须符合当代人的审美需求、情感需求、生活习惯。只有这样才能踩着时代的步伐，保持与当代人的沟通，从而实现被市场认可接受的目的。相反，如果因循守旧、拒绝突破，那么很多有着悠久历史背景和厚重文化底蕴的工艺及产品，最终可能只适于在博物馆中展示、被收藏家收藏，不会成为文创产品市场上的"赢家"。我国部分传统手工艺或者非遗技术虽被极力保护，但推广困难，其重要原因之一就是没有找到与当下生产、生活方式的对接点。

　　确定了文创产品设计的时代性，为其赢得了市场认可的可能性，但想要达到销售的目的，仍需关注其商业性。其核心在于争取最高程度的性价比，即以最低的能耗达到最佳设计效果。同时，要明确文创产品的消费市场及人群，考虑不同消费层级的群体，设计不同层次的产品，基于此制定合理的价格。例如，在针对青少年的展览活动中，相关伴手礼文创产品以学生文具、学生用品居多，价格要相对较低；针对文化人士的博物馆、展览馆，文创产品价格可相对略高；而针对收藏人士的专属环境，则需量少质精的高端产品。总之，商业性要求文创产品通过创意设计，赋予产品文化内涵的同时，提升产品的体验价值，从而具有较高的附加值，让消费者觉得"价格合理，贵有贵的道理"。

第二章 博物馆文创产品设计

　　随着博物馆文创产业热度的不断升温，博物馆文创产品在现阶段受到了人们越来越多的青睐。博物馆原本主要的功能是储存文物，推广文物知识，为大众提供一个熏陶情怀、培养审美能力的场所，后来逐渐发展出了更加多样化的功能，例如文创产品设计、影视拍摄，等等。博物馆文创产业成为现阶段一项快速发展的产业，产品的设计与营销都与博物馆的文化内涵相关联。在进行文创产品设计时，设计师要充分了解文创产品涉及的历史文化，提升文创产品的美学价值，让文创产品成为展现博物馆特色的重要媒介，同时推动博物馆文创产业的发展。

第一节 博物馆文创产品发展背景及现状

在文创产业中，博物馆文创产品占据着十分重要的地位。2016年，由原文化部、国家发展和改革委员会、财政部、国家文物局共同推出《关于推动文化文物单位文化创意产品开发的若干意见》。以此为起点，各地博物馆文创产品迎来发展契机，其中以故宫博物院文创产品大热为标志性事件。其后苏州博物馆等地方馆也纷纷推出优秀的文创产品方案，且物美价廉。直至目前，国内已有数千家博物馆、美术馆、纪念馆围绕自己馆藏产品进行文创衍生品的开发。

一、相关政策的支持

2015年，国务院正式颁布了我国第一个全国性的博物馆行业法规性文件《博物馆条例》。这一条例的颁布与实施，标志着我国博物馆行业进入崭新的发展阶段。该条例也对博物馆文创产品和文化产业的发展做出指导和规定，指出："国家鼓励博物馆挖掘藏品内涵，与文化创意、旅游等产业相结合，开发衍生产品，增强博物馆发展能力。"2016年，《国务院关于进一步加强文物工作的指导意见》印发，明确指出要"大力发展文博创意产业。深入挖掘文物资源的价值内涵和文化元素，更加注重实用性，更多体现生活气息，延伸文博衍生产品链条，进一步拓展产业发展空间，进一步调动博物馆利用馆藏资源开发创意产品的积极性，扩大引导文化消费，培育新型文化业态。鼓励众创、众筹，以创新创意为动力，以文博单位和文化创意设计企业为主体，开发原创文化产品，打造文化创意品牌，为社会资本广泛参与研发、经营等活动提供指导和便利条件"。2016年11月，国务院办公厅转发了由文旅部、国家发展改革委、财政部、国家文物局四部门联合发布的《关于推动文化文物单位文化创意产品开发的若干意见》。该文件是进一步贯彻落实《博物馆条例》和《国务院进一步加强文物工作的指导意见》的具体举措，对于深入发掘博物馆藏品及文化资源，推动文化创意产业发展，弘扬中华优秀传统文化具有重大意义。以上涉及的主要行业性条例和指导性意见的颁布与实施，为博物馆、纪念馆文化创意产业的发展和文创产品的设计与开发提供政策上的支持与保障，指明了前进的方向，同时也必将促进我国博物馆事业的大发展、大繁荣。

二、博物馆文创产品的现状

在新时代，世界全球化推动了文化的繁荣发展，在我国市场经济不断进步的背景下，博物馆文创产业走出了一条具有中国特色的发展之路。2015年，国务院发布的《博物馆条例》明确了文创产业的重要地位，有效地推动了文创产业的发展。博物馆与文创产业共同发展的方式已经成为我国消费者广泛认同的新的发展模式。

在世界各国，很多学者都对博物馆的发展方向进行了研究。越来越多的学者开始探究博物馆的多元化价值。博物馆的转变可以有效提高资源的利用率，提高博物馆的经济收益，扩大对社会的影响力，发挥教育和休闲娱乐的功能。此外，博物馆也成为推动相关产业和国家整体经济发展的重要媒介。目前，许多博物馆都在进行转型与升级，开始发展文创产业，以更好地顺应时代的发展。在新时代，博物馆要与旅游业、文创产业等相互联系，相互促进，充分发挥出中华优秀传统文化对经济的促进作用。

三、博物馆文创产品开发设计思路

博物馆文创产品是依托于文物等而开发出来的产品，因此产品所蕴含的文化内涵和精神内涵都比其他产品高。博物馆文创产品指的是在博物馆以及相关的平台所售卖的周边产品，包括复制品、纪念品等。这些文创产品蕴含着所依托的文物的文化内涵，通过一系列的设计工作后，成为可以售卖的产品，供消费者选购。消费者购买博物馆文创产品时，不再过多地关注使用价值，而是更加关注产品的文化价值，以满足自己的精神需求。在设计的过程中，设计师要充分考虑文物的历史文化因素，将文化因素与使用价值结合，展现出艺术审美，尽可能地将这些文化因素用符号化的手段呈现出来。博物馆在发展文创产业时，必须提高文创产品的质量，重视产品所富含的精神价值。文创产业与博物馆的合作将会有效地提高博物馆的发展活力，提升博物馆的经营水平。因此，要将博物馆文创产业作为新时代博物馆的重要发展方向，从而推动文化和经济的共同发展。

博物馆文创产业的发展要从策略、方向、定位、生产、营销等不同方面共同努力，改善文创产品开发的环境，设计师要提高自身的设计与审美能力，充分理解文化历史内涵，并且选用合适的方式进行文创产品营销，从而推动博物馆文创产品设计与开发的顺利开展。例如，齐文化博物馆文创产品设计方案应用了该博物馆的代表文物为元素，但在绘制手段上以现代简洁抽象手法表现；色彩结合流行趋势，以高明度、低饱和度的"马卡龙"色系体现。抽象手法及结合流行趋势的色彩表现方案与年轻一代的审美相符。最终使产品在表现博物馆历史文化内涵的同时，满足迎合年轻一代观众的营销目标，开拓博物馆文创产品受众市场。

博物馆文创产品的设计要从实际出发，从生活出发，在生活中挖掘文化创意。文创产业依托的是文化本身，使用的工具是创意，然后再与商业相结合转变为一种产业，因此创意产品设计方法是文创产业发展的基础。

在创意设计的基础上，设计师要善于借鉴博物馆中各种文物的文化特色，将文化附着在产品当中，提升产品的文化价值，从而满足消费者对文化的精神需求。在设计的过程中，设计师还要充分审视文化的内核，使文化能够在消费者使用产品的过程中体现出来。文创产品具有不同的文化层次：外形是产品的外在层次，文化是产品的内在层次，而产品的使用则属于中间层次。在外在层次方面，主要体现在产品的外形上，例如质感、材料、装饰、颜色等。中间层次则体现在消费者对文创产品使用过程中出现的安全问题、操作问题、功能问题等方面。内在层次可以体现出文创产品所蕴含的文化底蕴、历史故事、情感寄托等。

在博物馆文创产品的设计和生产的过程中，要加强文物所蕴含的文化与文创产品的实用性和现实性之间的联系，为消费者提供物质与文化的双重服务。消费者的情感体验是一种从"人理"出发的需求，而物品本身的使用价值则是从"物理"出发的服务，设计师进行的一系列构思、联想、融合、设计的过程则是从"事理"出发的行为，三者应相互联系，相互促进，共同推动博物馆文创产品在设计与创意方面的融合。

案例：博物馆文创设计方案——齐文化主题简约风文创设计

设计思路：齐文化博物馆文创设计方案虽然表现内容是古老的文物，但表现手法却是贴近年轻人的时尚手法，正是从"人理"出发考虑设计。

设计师：戚威宏

四、博物馆文创产品设计方法

文创产品的设计核心是创意，基础是文化，博物馆文创尤其要将二者有机结合。

博物馆文创产品的研发通常需要遵循一定的程序。首先是对于博物馆内涵、背景的充分了解。尤其是对其中的馆藏文物特色、镇馆之宝等能体现在设计方案中的素材充分收集。并尽可能地将这些素材平面化落实到纸面，为后续设计做好准备。其次，对博物馆传达的主要文化背景和理念熟悉，可通过讲解员的协助完成。另外，对于博物馆的受众了解，设计为他们所用、所喜爱的产品。例如，博物馆研究员、参观学习的大学生、青少年等。另外，结合当下趋势的创意延展是必要的，以保证产品方案的时尚性、新颖性、创意性，这是文创产品的灵魂所在。总之，文创产品设计师不但要提升自己的文化解读能力和转化能力，避免让设计停留在文化的表层认识上，还要了解市场、了解各个层级消费群体的多元化购买诉求。

具体而言，各类设计方法有以下几种不同切入点。

（一）原生态设计

这种文创产品的设计主要依托于原有的文物，并融合现代的设计理念，将文物的精神内涵与产品的物质内涵相结合，从而设计出符合现代社会审美和使用习惯的产品。

（二）比喻式设计

比喻式设计主要指的是通过合理的修饰方法使产品设计更加具有趣味性和创意性。在进行比喻的过程中，原本的物品是本体，将其比喻成的物体为喻体，比喻过程中出现的修饰语句为喻词，在文创产品设计的过程中，这种比喻式的设计方式得到了广泛的应用。设计师应将设计的产品与喻体的内涵和外在形状相结合，使产品能够展现喻体的精神内涵，从而使人们在使用的过程中可以感受到产品所蕴含的文化。

案例：博物馆文创设计方案——齐文化刀币主题文创设计

设计思路：刀币主题文创为齐文化博物馆文创产品设计方案之一。通过对齐国背景的了解，作者得知，在当时齐国的刀币一定程度上变成识别齐国的标志，而这一概念与现代条形码有一定的共性。因此作者将刀币形象与条形码形象结合，用比喻的手法将古今连接。

设计师：陈珺

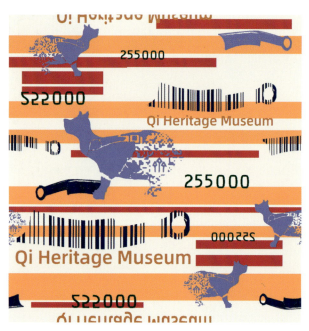

（三）情境设计

　　产品的情境设计离不开人的想象能力，也离不开产品的使用环境。因此，设计师在进行博物馆文创产品设计的过程中，必须要有设计参考，要了解参考物的历史文化与特色，从而设计出可以引导消费者主动进行想象和构建情境的产品。

案例：博物馆文创设计方案——齐文化齐国地图主题文创设计

设计思路：本设计方案正是联想到了用户在使用产品时，对于地方历史概念的感受需求，因此以齐国地图为主要元素。同时，叠加古齐国装饰方案再强化这种感受。

设计师：陈珺

第二节 不同类型博物馆的文创产品

不同类型的博物馆文创产品在设计思路及方法方面存在共性，但在具体设计的过程中，需了解所针对博物馆的具体性质，及其需要集中展现的特征，以达到更好的设计效果。就目前调研及设计的案例来看，有文创产品设计需求的博物馆可分为以下几类。

一、地方综合博物馆文创产品设计案例

此类博物馆集中体现一定区域内的历史、政治、文化，馆藏文物包罗万象。在针对此类博物馆进行设计时，可以依据文物，再结合当地的综合文化特点进行延伸，通过比喻与情境设计的方法，扩大文创产品的内涵和外延。

齐文化博物馆是山东淄博围绕齐文化建成的综合博物馆。是一座集文物收藏、展陈、保护、研究、教育、休闲功能于一体的综合博物馆，依托原齐国故城遗址博物馆（齐国历史博物馆）建设，建筑面积 3.5 万平方米，拥有文物 3 万余件，上展文物 4100 余件（套）。主要展示齐地特色的文物专题陈列并进行齐地非物质文化遗产、风土人情研究保护，同时展示临淄区当前发展成就以及未来经济社会发展的规划前景。

笔者受委托完成针对齐文化博物馆开发文创产品的设计项目，设计出品系列方案，做出展示。

案例：博物馆文创设计方案——齐文化文物主题文创设计

设计思路：围绕齐文化博物馆完成的文创产品设计方案。方案中集齐多种齐文化博物馆馆藏文物，如牺尊、铜钟、博山炉等，充分反映了综合博物馆文物的丰富性。同时结合当地海洋文明特征，以海水纹样进行辅助装饰，以传统藏青、金色为主要色调，体现出地方特色。

设计师：闫江汝

设计元素解析

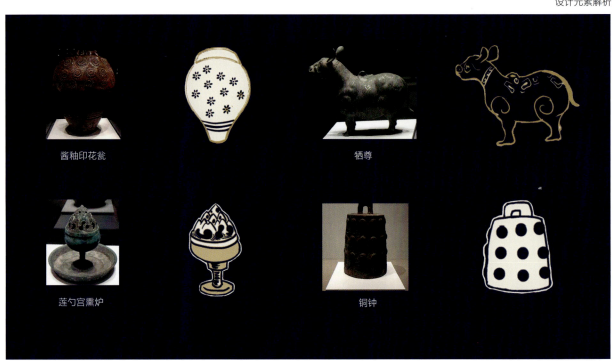

酱釉印花瓮　　　　　　牺尊

莲勺宫熏炉　　　　　　铜钟

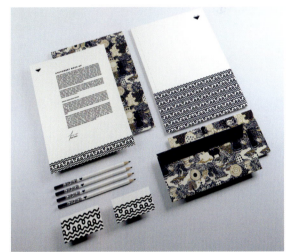

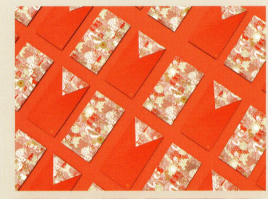

案例：博物馆文创设计方案——齐文化五彩齐主题文创设计

设计思路：该方案主要表现自太公封齐，齐国重视工商业，发展鱼盐业的景象。方案中描绘了人民劳作、捕鱼、晒盐的场景。此类方案的素材一方面来自史料记载及史料插图，另一方面也可是对博物馆内现有的装饰素材的二次再设计。本案使用的方法是后者。取材于博物馆内现有装饰画。而五彩的表现方法，一方面希望通过绚丽的色彩表现生活欣欣向荣的景象，另一方面与时尚流行趋势中对色彩的要求吻合。通过这种方式，使表现历史题材的文创产品有现代时尚感，更容易为现代人接受并应用于生活用品中。

设计师：闫江汝

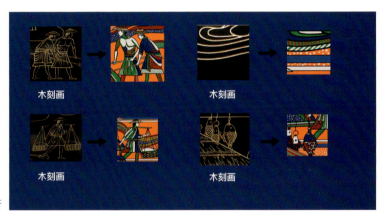

设计元素解析

案例：博物馆文创设计方案——齐文化五彩齐主题文创设计

设计思路：该方案主要表现自太公封齐，齐国重视工商业，发展鱼盐业的景象。方案中描绘了人民劳作、捕鱼、晒盐的场景。此类方

案例：博物馆文创设计方案——齐文化考工之齐主题文创设计

设计思路：古齐国重视工商业发展，在历史上有重要地位的《考工记》就诞生于此地。本方案以此为灵感来源，描绘了古齐人耕作、织布的场景。

设计师：黄汎泇

设计思路：古齐国重视工商业发展，在历史上有重要地位的《考工记》就诞生于此地。本方案以此为灵感来源，描绘了古齐人耕作、织布的场景。

二、专题特色博物馆文创产品设计

　　此类博物馆指展示藏品特针对某一主题，或是针对某一特色文物而专门建设的博物馆。只有配合相应的展览主题开发产品，才不会脱离展现内容，并且使产品丰富多样，满足不同的认知群体。这类博物馆的数量比较大，实际设计时遇到的机会也比较多。其特点在于要集中体现特有主题，有时会围绕这一主题以不同方式展开多个系列的设计。所以设计方式的多样性及主题鲜明性是这类博物馆的特殊要求。

案例：博物馆文创设计方案——陕西唐三彩艺术博物馆主题文创设计

设计思路：陕西唐三彩艺术博物馆设计的文创产品方案。陕西唐三彩艺术博物馆是我国唯一收藏、展览和研究唐三彩的专题性的特色博物馆。本方案一方面再现馆藏唐三彩立马俑、唐三彩提腿马俑、彩绘仕女陶俑、三彩凤首壶、唐三彩堆花瓶等文物形象；另一方面，审美上体现了唐代艺术丰满、圆润、阔硕的特征。从形式和精神内涵方面双重展示该特色博物馆的与众不同。除此之外，同时增加西安特色剪纸作为画面底纹来强化当地特色。

设计师：陈都

案例：博物馆文创设计方案——蹴鞠博物馆文创设计

设计思路：足球博物馆位于齐国故都、世界足球起源地山东省淄博市临淄区，是淄博市重点文化项目——齐都文化城的龙头场馆。足球博物馆是在新形势、新要求和新环境之下，为整合临淄区的旅游文化资源，更好发挥"世界足球起源地"的影响力，依托原临淄足球博物馆建设的一处全面展示蹴鞠文化和世界足球发展风貌的主题博物馆。

足球博物馆的设计理念是"临淄的蹴鞠，世界的足球"，外形为单体异型结构设计，建筑面积1.18万平方米，是一处集参观游览、休闲娱乐、历史文化研发和产品开发于一体的高水准的世界足球公园。展览内容主要包括中国蹴鞠和近现代足球两大主题，共有文物1000余件（套），复原场景10余个，另有幻影成像设备、嘉年华互动游戏区以及仿古蹴鞠表演等，系统展示了足球的起源、发展、影响和传播等几千年的演进历史和发展风貌，它浓缩了中国的蹴鞠文化史、体育文化史和世界足球史，是一部立体的足球文化的百科全书。笔者受委托完成针对齐文化博物馆开发文创产品的设计项目，设计出了系列方案，做出展示。

设计师：黄汛泐

案例：博物馆文创设计方案——蹴鞠娃娃文创设计

设计思路：运用蹴鞠博物馆吉祥物形象，以手绘方式再设计，并结合几何元素呈现时尚设计感。

设计师：朱佳颖

设计元素解析

蹴鞠娃铜像

案例：博物馆文创设计方案——蹴鞠娃娃文创设计

案例：博物馆文创设计方案——殉马坑博物馆主题文创设计

设计思路：临淄东周殉马坑博物馆位于临淄齐国故城大城东北部河崖头村，据考证这里的驯马是春秋晚期齐景公墓穴的一部分。目前已清理出的 228 匹殉马，推算坑内共有殉马 600 余匹，数量之多，规模之大，前所未有。据专家考证，殉马多数是 6-7 岁的壮年马，从被人为处死后，按照一定的葬式排列而成。殉马按顺时针方向分两列埋葬，侧卧，头朝外，昂首做行进状，呈临战姿态，前后略有叠压，排列整齐，井然有序，气势雄伟壮观。

设计师：黄汎泇

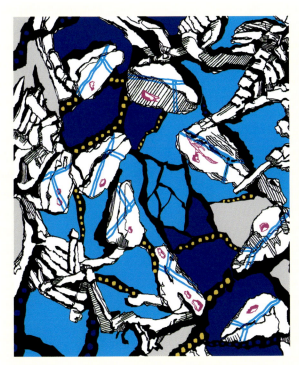

设计元素解析

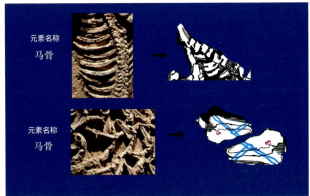

案例：博物馆文创设计方案——殉马坑博物馆主题文创设计

设计思路：本方案依然以殉马坑素材为元素进行相关文创设计，特点在于以活泼简洁手法迎合年轻消费市场。

设计师：黄汎泇

设计元素解析

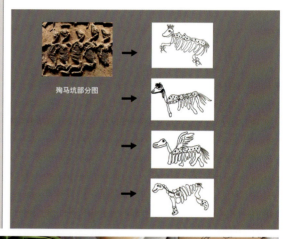

殉马坑部分图

三、人物纪念类场馆文创产品设计

　　人物故居、纪念馆文创产品设计是实践中经常会遇到的课题。此类场馆文创产品设计的灵感来源可以从几方面考虑：挖掘场馆中现有文物、纪念品元素进行装饰化应用呈现；挖掘人物象征元素、具象化呈现，以 IP 设计等方式应用于文创产品设计；挖掘人物生平事迹，以场景形象化方式呈现于文创产品设计。

案例：人物纪念类场馆文创设计方案——宋庆龄故居建筑主题文创设计

设计思路：该方案是为宋庆龄故居设计伴手礼等文创产品。设计师在设计前期对宋庆龄故居作了写生，提取其元素。对写生作品进行装饰化处理，体现在色彩及布局等方面。最终将图案设计应用于各类产品中。

设计师：靳博喧

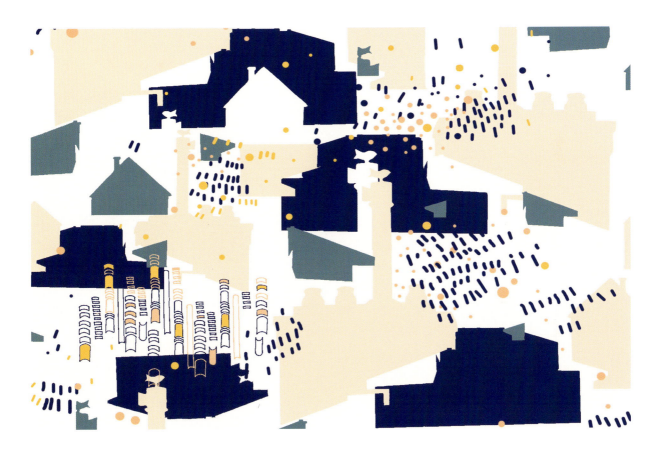

案例：人物纪念类场馆文创设计方案——宋庆龄故居和平鸽主题文创设计

设计思路：以和平鸽元素为出发点，用儿童喜欢的插画风格，强调宋女士一生关爱儿童、热爱和平的人物背景。方案中以宋故居的主体建筑、香樟树等重要素材为内容，结合和平鸽元素展开设计。

设计师：张小猜

案例：人物纪念类场馆文创设计方案——宋庆龄故居和平鸽主题文创设计

案例：人物纪念类场馆文创设计方案——宋庆龄女士生平重点事迹文创设计

设计思路：该方案以宋庆龄女士生平重点事迹为内容，以祥云盘绕、花团锦簇的传统年画装饰风格表现内容。希望以吉祥喜悦的气氛怀念伟人事迹，启发今人。

设计师：王依土

四、美术馆文创产品设计

严格来说，美术馆不应该划分为博物馆范畴，但因设计方法存在共性，因此一并说明。美术馆通常以展示书画作品、工艺美术作品、艺术创作作品为主。一般设有常规展览及特展。常规展与前述方法类似，不再赘述。特展类展品根据主题更换，也是不断吸引人流量的重要活动。且此类美术馆往往非公益性质，需要营利。因此，文创产品的创意、质量、推广方式等均特别被重视。将美术馆展示的原作品，以现代装饰手法再设计，是美术馆文创产品设计较为实用的一种方法。用到的方法有案例中展示的这种，以原画为基础，以装饰手法重新绘制的。这种方法可以将原作品分成色块，一方面方便生产，另一方面可以将流行色应用其中，更加符合产品设计需求。也可以通过在原画基础上设计一些效果的方式来完成。

案例：美术馆文创设计方案——文艺复兴作品展文创设计

设计思路：以上海久事美术馆为例，该馆多次筹办莫奈、梵高、夏加尔等绘画大师的专题画展，在社会影响和经济效益方面双丰收。其中文创产品的销售也一再上新高。以文艺复兴时期绘画作品为素材完成的系列文创产品，作为观众欣赏完画展后的伴手礼非常合适。

设计师：苏美琪

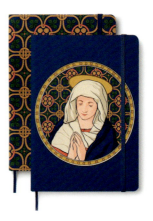

　　毕加索的美术作品近年来多次在国内展出，受到很多观众特别是学习绘画的少年儿童的喜爱。在此展示三套围绕毕加索作品展的文创设计方案。

案例：美术馆文创设计方案——毕加索作品展文创设计 1

设计思路：本方案在保留毕加索作、品特点的基础上，结合时尚色彩及构成。

设计师：张梦可

案例：美术馆文创设计方案——毕加索作品展文创设计 2

设计思路：本方案在保留毕加索作品特点的基础上，结合时尚色彩及构成，以黄绿色调为主要表现方向。

设计师：苏美琪

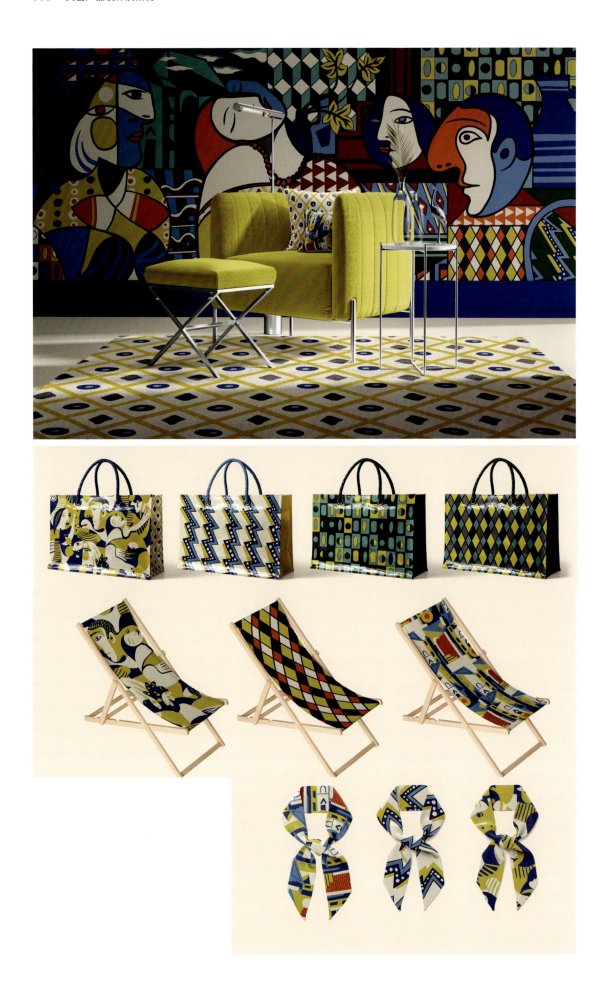

案例：美术馆文创设计方案——毕加索作品展文创设计 3

设计思路：本方案在保留毕加索作品特点的基础上，结合时尚色彩及构成，以蓝橙色调为主要表现方向。

设计师：何欣妍

第三章　由 IP 引导下的文创产品设计

　　近年来文化繁荣被提升到国家战略层面，国民对文化娱乐消费的需求日益增长。而版权是文化产业的内核，是文化产业发展的驱动力，人们对于版权的重视使得 IP 产业链蓬勃发展。同时年轻一代的消费者对于品牌的看法更加独立自主，普通中庸的品牌无法吸引用户，使品牌 IP 联名成为新的发展路径。在一次又一次的联名产品大获成功之后，引起了市场上品牌与 IP 之间的广泛合作。

IP 是英文 Intellectual Property 的缩写，直译为"知识产权"。通俗地讲 IP 就是互联网上的"门牌号"，它可以是一个故事，一种形象，一件艺术品，一种流行文化、影视文学、游戏动漫等。

在自媒体时代，IP 已经变成了一个符号，一种价值观，一个共同特征的群体，一部自带流量的内容电影微信公众号将"再小的个体也有自己的品牌"作为 slogan。如今，这句广告语已经成了新媒体时代的宣言。

一个真正具有可开发价值的 IP，至少包含三个层级，分别是表现形式、故事和价值观。

第一层：表现形式。这是 IP 的最表层，也是观众最能直观感受的层面，好的表现形式能让 IP 得到更大的市场声量。表现形式和元素只是 IP 来表达故事最浅层的工具，需挖掘到吸引观众的核心。

第二层：故事。IP 故事的重要性不言自明，故事是推动 IP 发展的一种工具。要想把一个 IP 打造成为真正的超级 IP，必须赋予这个 IP 一个好的故事，并且要不断地推广和演绎。例如迪士尼作为最成功的 IP 制造工厂，通过设计一系列极具代入感和共情性的卡通形象并讲述他们之间的故事，打造出了陪伴一代代孩子成长的梦幻王国。

第三层：价值观。价值观是超级 IP 最核心的要素，真正的超级 IP 需要有自己的价值观和哲学，不只是故事层面，在超级英雄故事中，每个英雄都代表着一个不同的价值观。多样的价值观针对不同类型的人群，可以使得不同观众产生根深蒂固的认同感，不仅仅具有传播广度，更具有传播深度。

第一节 IP 设计的方法

IP 设计可遵循"选择物种——造型提炼——颜色搭配——角色设定——表情动作——变装延展"的路径进行。

一、选择物种

名字中自带物种。比如盒马鲜生中的"河马"，三只松鼠中的"松鼠"，天猫中的"猫"等。

业务特性：从业务特性中找寻物种的共性，建立物种与器种的绑定关系。比如京东的狗，是借用狗的特性忠诚，来拉近品牌和消费者之间的距离。美团外卖的袋鼠形象，传递品牌的外卖配送快。

品牌特征：根据品牌独有的特征，创造新物种。

二、造型提炼

变形法：LOGO 变形，头部变形，脸部变形，五官变形。

变色法：改变物种固有色，优先选择品牌色。

拼接法：两种不同的元素拼接成一个全新的形象。

套头法：即给物种增加套头，套头形式可多样。

三、颜色搭配

品牌色：颜色在品牌传播中最先被识别，IP 形象采用品牌色，可以最大程度地加深消费者对品牌的记忆。

固有色：即物种本身的颜色，便于识别，有天然的亲和力。

背景色：即故事背景设定颜色，比如哆啦 A 梦的蓝色。

性格色：根据 IP 性格，结合颜色属性提炼颜色。

行业色：不同行业领域各有各的行业色，比如科技蓝，医疗白，教育绿 / 橙，超酷黑 / 灰等。

用户色：目标用户群决定配上，比如儿童喜欢饱和度高且丰富的颜色，女性倾向暖色，男性冷色居多。

四、角色设定

性格设定：根据社会现状设定，比如在焦虑的人群中，萌、温暖、搞笑等治愈系的性格设定广受欢迎；同时结合品牌定位用户特征设定性格。

年龄设定：依照目标用户，比如江小白为青年，旺仔为少年，脑白金为老年。

爱好特长：可根据物种特性，品牌理念，业务属性和用户特性设定爱好。

五、表情动作

动态表情：可传递情绪，充分与用户产生互动，极易在互联网上传播。通过付费下载，打赏，转发曝光获取收益。日常表情分为喜怒哀乐，有微笑，开心，喜欢，难过，卖萌，激动，调皮，害羞，流汗，大哭等，根据业务需求选择。也可定制节日、活动、热点专属表情。动作分为跑、跳、站、坐、招手、点赞、飞吻等，配合对应的场景表情，导出动态表情。

条漫动画：通过创作故事，设计剧本，绘制条漫，开发动画电影，角色客串，品牌联名，跨界合作等方式获取收益。

六、变装延展

设定主题：根据品牌定位，业务特性，IP 性格，节日活动等设定与之相契合的主题。

服装配饰：宇航服，运动服，西服，汉服，常服，彩绘，鞋袜，项圈，铃铛，帽子，围脖，符号，道具等。

常见材质：金属，毛绒，玻璃，木质，塑料，纸，合成材料等；丰富的变装，使 IP 有趣好玩，配合品牌营销推广，制作成潮玩盲盒，地标雕塑，主题酒店，文创产品等，帮助品牌增收。变装时需要注意保留 IP 形象识别适度，贴合主题。

第二节 IP 的分类及文创产品设计

IP 是一个带有情感共鸣的文化符号。IP 能够对特定人群构成影响，有着自带的粉丝效应，因其代表不同的群体，在特质上有所不同。同时，且 IP 衍生品应兼备商业和文化两大属性。经过发展，现在 IP 可以是漫画、电视剧、综艺、小说、游戏，也可以指某个人、某个角色、某个金句，还可以是一种商业模式、一种思维方法。

一、品牌 IP 及文创产品设计

品牌通过抓住 IP 的价值，打造品牌 IP。品牌 IP 通过挖掘品牌文化内核，彰显品牌自身价值，显示品牌特色，持续输出品牌内容，向大家传递品牌情感，产生持续的内容输出从而与用户产生关系的过程中影响用户，它的核心是个性化、社会化，具有可持续更新传播的能力，可精准触达企业定位的目标人群，并具有互动性和娱乐性，最终通过 IP 实现商业价值。

品牌 IP 化使品牌逐渐变得有温度、有人格有灵魂、更容易互动，使品牌从理性功能定位转变到情感精神寄托。品牌 IP 化追求的是用户对价值和文化认同，提供给消费者的是一种情感的寄托，用户购买行为由需要转变为热爱。品牌 IP 是利用天生形象优势、人格魅力，从而达到深受用户追捧的效应，这时用户的购买行为是感性的，由内心热爱驱动购买。

案例：IP 引导下的文创设计方案——康赛妮集团羊咩咩 IP 形象文创设计

设计思路：康赛妮集团设计的羊咩咩 IP 形象。康赛妮集团作为全球最大的高品质羊绒生产企业，希望通过代表企业的 IP 形象传达出积极向上，富有亲和力的企业品质。而羊咩咩除从动物属性上直观地代表羊绒以外，其阳光明媚的面部表情反映了企业积极快乐的姿态。其衣着、日常织毛衣的行为，也是对企业针织生产门类的强化说明。

设计师：凌心怡

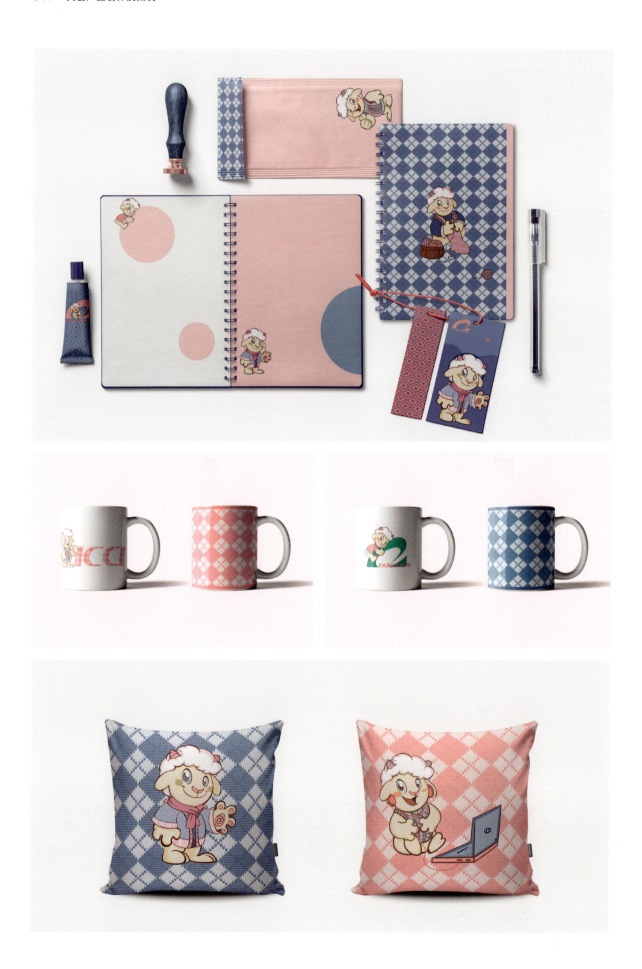

案例：IP 引导下的文创设计方案——腾讯公司 IP 结合非遗技艺的文创设计

设计思路：腾讯集团的 QQ 形象已经深入人心，但还会针对特定主题有设计要求。以下展示笔者受委托为腾讯集团设计的年礼 IP 形象。

设计师：苏美琪

瑞兔迎春　　　　牛气冲天

十犬十美　　　　虎虎生威

二、旅游 IP 及文创产品设计

　　IP 因具有先发营销优势，在引领行业变革、丰富商业模式、提升游客体验度等方面具有重要作用，因此备受文旅界关注。2020 年文化和旅游部出台的《关于推动数字文化产业高质量发展的意见》明确指出要"培育塑造具有中国鲜明文化特色的原创 IP，加强 IP 的开发和转化"。2021 年浙江省发布 15 个首批示范级文化和旅游 IP 名单。这一系列政策的实施，进一步彰显出业界对 IP 变现能力的重视。

　　旅游 IP 是以"吃、住、行、游、购、娱"旅游六要素为基础，以理念、故事、氛围、文化、产品等为载体，以实现流量变现为目的的知识产权。通过旅游 IP 可以在繁杂的旅游市场中准确迅速实现相关旅游景区或旅游目的地的定位，并为旅游目的地带来游客流量，进而达到提炼旅游品牌、形象，实现价值变现的目的。同时，旅游 IP 的建设不是一蹴而就的，而是需要经过一个不断更新、迭代、调整和丰富的过程，如为新疆喀纳斯湖设计的 IP 形象。喀纳斯湖历来有湖怪传说，也因此吸引各地游客。基于这样的传说，为旅游景点设计 IP 形象，并注入相应故事背景，可对当地旅游经济发展、扩大影响均带来积极影响。

案例：旅游 IP 及文创产品设计——新疆喀纳斯湖怪 IPKAKA 文创设计

设计思路：新疆喀纳斯湖向来有湖怪的传说。新疆地区近年来大力发展旅游产业，特别是冬奥会的举办，使更多人对新疆产生向往。新疆当地委托笔者及团队希望基于湖怪传说，设计湖怪 IP 形象图。

设计师：郭雨柔

三视图 THREE VIEWS

卡卡 / Introduction

称号： 传说中的喀纳斯湖怪
性别： 公的
个性： 傲娇、容易害羞、喜欢假装冷漠，其实内心敏感

爱好： 喜欢观察人类并假装人类，喜欢画画、摄影以及很多人类爱做的事情
星座： 未知
标签： #我才不是美人鱼！#

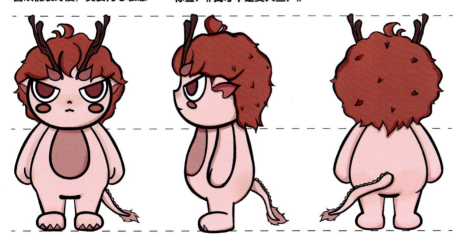

#1 画家小卡

"谁说我不能当艺术家！"，卡卡看到很多人类来喀纳斯湖旁都会带着颜料和画笔来记录他们看到的景色。
"我比你们采在这里的时间多多啦，见到的景色也比你们多！我也要画画！"结果就是卡卡弄了自己一身颜料。

#2 人鱼小卡

"可恶！！！我明明不是美人鱼！！我才不会穿这么...的衣服呢！你们人类能不能搞清楚！"
卡卡虽然很不情愿，但是还是穿上了人鱼套装，想告诉人类他其实并不是美人鱼。
说实话，卡卡甚至不怎么会游泳呢。

#3 冬季小卡

喀纳斯湖的冬天很美，也很寒冷，卡卡不喜欢冬天，即便他的皮毛能够为他抵挡寒冷。
好心的人类姐姐送给他一套可爱的帽子、围巾以及手套。
"或许穿成这样人类就认不出我了吧！"他虽然是这么想的，但其实他讨厌这个粉红帽子，他觉得这跟他冷酷的性格太不搭了。
旁边跟着他最好的小狐狸其实不懂他在嘀嘀咕咕站着什么。

#4 摄影小卡

"听说大家专程来喀纳斯湖就是为了见我，嘻嘻！你们绝对想不到我就在这里吧！"
听到很多人都专程前来见湖怪，卡卡的内心十分激动，但他偏要假装成去看湖怪的人类的样子，其实他才是看人类的！
"人类着急的样子太有趣了！看！别一条鱼游过去他们还叽叽喳喳的说湖怪现身了呢，太好笑啦！

#5 蒙古小卡

"祖传，很久以前，成吉思汗西征，途径喀纳斯湖，见到这样一个美丽的地方，决定在这里暂住时日。......"湖怪"就是保卫成吉思汗亡灵不受侵犯的"湖圣"。"小卡听见来旅游的人在讲湖怪的故事了。
"那我就要扮成蒙古士兵让你们看看我卡卡的威风！"

#6 飞龙小卡

"还是恶龙的形象比较适合我！看我把你们都吓坏！！"小卡心里是意洋洋的想着，其实在别人眼里就是一个戴着假翅膀的小胖子啦！

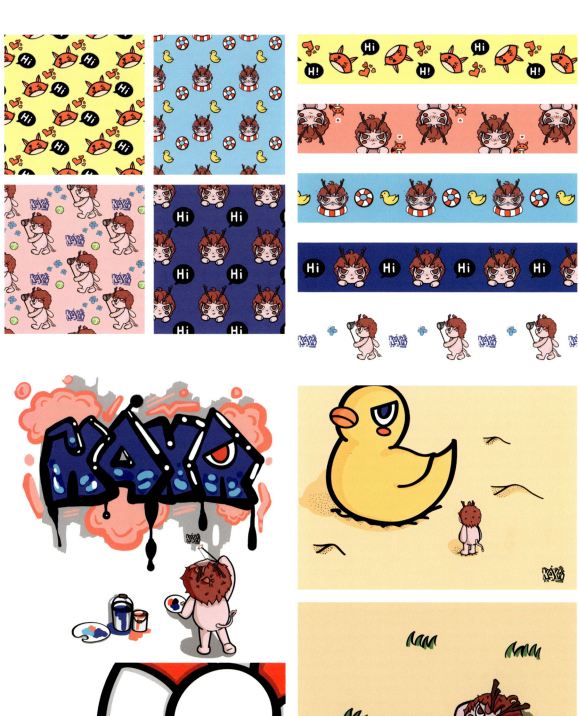

三、影视 IP 及文创产品设计

　　IP 成为近年影视行业的一大热词，各大影视公司公布的很多大项目都围绕 IP 展开。随着播出卫视购入影视剧的成本不断飙升，播出效果的不确定因素也随之增加，影视剧面临资金回笼困难等投资风险。影视公司将拥有一定初始粉丝量的网络 IP 小说改编为影视剧，成为各家公司的应对之策。IP 剧往往未播先火，自带话题度，大大降低了投资风险，收益效果颇丰。网文 IP 改编的大热，甚至让一些影视公司成立专门的研发部门，在晋江、起点、红袖添香、腾讯等大型网络文学网站上搜罗作品。而影视 IP 的开发可以最大限度延长剧集的生命周期。IP 版权可以依附于多种内容形态，并在各内容之间流转，影视 IP 的价值流转可以在文学、剧集、音乐、游戏、电影等不同形态中运行。影视 IP 的推广为该产业的发展开拓出另一条可行道路。

案例：影视 IP 及文创产品设计——《盗墓笔记》人物 IP 文创设计

设计思路：新疆喀纳斯湖向来有湖怪的传说。新疆地区近年来大力发展旅游产业，特别是冬奥会的举办，使更多人对新疆产生向往。新疆当地委托笔者及团队希望基于湖怪传说，设计湖怪 IP 形象图。

设计师：王馨

| 吴邪 | 王胖子 | 张起灵 | 黑瞎子 | 解雨臣 |

| 吴邪 | 王胖子 | 张起灵 | 黑瞎子 | 解雨臣 |

吴邪

戴帽子的吴邪

不戴帽子的吴邪

蛇眉铜鱼

王胖子

戴帽子的王胖子

不戴帽子的王胖子

摸金符

张起灵

戴帽子的张起灵

不戴帽子的张起灵

黑金古刀

黑瞎子

戴帽子的黑瞎子　　　　不戴帽子的黑瞎子　　　　墨镜

狗牌

解雨臣

戴帽子的睁眼解雨臣　　戴帽子的闭眼解雨臣　　不戴帽子睁眼的解雨臣　　不戴帽子闭眼的解雨臣

撬棍　　　　　　　　　　　　折扇&花卉

四、文化 IP 及文创产品设计

　　我国经济发展由高速增长转向高质量发展阶段，城市建设也随即进入城市更新的重要时期。如何在城市化发展中避免形成"千街一面"的同质化现象，如何使传统文化与现代社会构建联系发挥其文化价值，是当前城市活力复兴值得深入探求的问题。为了宣扬城市的文化特征及形象，城市从"功能城市"转型为"文化城市"，文化 IP 应运而生，它强调利用现代化技术在保护与发展良性共生的基础上延续文化生命力。

　　将 IP 引入文化产业，使之具有高辨识性、自带流量、强变现穿透能力和长变现周期等特征，契合当今互联网时代文化传播的特点。文化 IP 逐渐成为文化产品之间连接的文化桥梁，引领文化发展的关键要素，更是文化与群体之间产生的文化共鸣。

案例：文化 IP 及文创产品设计——《聊斋志异》人物 IP 文创设计

设计思路：为蒲松龄故居围绕《聊斋志异》经典作品创作的蒲松龄与其中几位代表狐仙的 IP 形象。蒲松龄故居位于山东淄博市。近年来淄博市政府希望开发围绕《聊斋志异》的文化 IP。开发前期对蒲松龄的人设，以及聊斋志异中的故事人物进行分析，最终确定开发蒲松龄形象及聊斋故事中的九位狐仙的 IP 形象。并为蒲松龄设置狐狸宠物来增添其故事性和趣味性。

设计师：王思蒙 、逯思佳

聊斋小书生——蒲松龄 IP 形象

聊斋狐仙 IP 形象

小翠　　　　　　　　　　　莲花　　　　　　　　　　　青梅

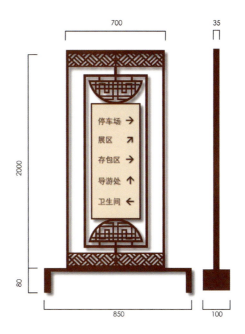

案例：文化 IP 及文创产品设计——苗族非遗 IP 文创设计

设计思路：本案的目的是基于苗族丰富的非物质文化遗产，设计专属苗族的 IP 形象。采用"牛"作为基本形象，源于苗族人民本身对于牛这种动物的喜好。再将苗族的服装、服饰、生活生产用品等表现于牛的角色中。

设计师：朱子颖

第四章　以传统文化为创意来源的文创产品设计

中国传统文化是我国特有的文化。这些优秀的传统文化元素为文创产品的设计提供了非常丰富的资源，是文创产品设计的源泉。设计师从中华民族传统文化资源中寻找创作灵感，以传统文化为创意进行设计，进行产品的形象包装和创意内容制作，以此表达文艺情怀，让人们关注到产品背后的文化底蕴。将传统文化元素与新时代创意设计相互融合，以此创造出的一种符合现代人审美和具有文化传播价值的新型事物。产品创意设计需要融合多元文化元素，并运用相关知识和设计技能，建构文化形象。因此，设计者在进行文创产品设计时，要运用文化知识和创作灵感，实现现代技术与文化资源的碰撞，使产品蕴含功能和体验上的价值。

第一节　以吉祥文化为创意来源的文创产品设计

中国的吉祥文化源远流长，也和百姓的日常生活紧密相连。以共同的吉祥观为内涵，传统民俗为形式，传统民间工艺为手段，吉祥物品、吉祥纹样、吉祥色彩为载体，共同组成表达人们祈福纳祥的美好愿望和语言。这些元素从思想到形态都有很多值得传承的地方，其无时无刻不影响着今天中国文创产品的设计思路，为文创产品的设计提供历史的参照和现实的基础。在文创产品中有大量的吉祥元素被运用到设计中，隶属现代设计门类的文创产品和作为中国传统文化的吉祥元素相互结合，不仅能弘扬中国传统文化，还能使中国传统文化借助现代设计展示其艺术魅力，提升文创产品设计的附加值。

在中国人千年的生活实践中，"吉"与"祥"这两个字就是一种情感驱动符号，驱使着消费认同其所承载和附着的产品，从而让游客愿意购买相关的各种类型的文创产品，在情感上驱动人们去感受产品中饮食的文化创意设计。想要基于吉祥文化进行文创产品的设计必须先了解其语义和表达方式，吉祥文化的内容都不是直表其意，而是寄意于其他形象之中。因此，基于吉祥文化的文创产品设计首先要从吉祥的表达方式入手，再结合恰当的载体进行创意设计，才能准确地传播包含吉祥文化在内的传统文化。

吉祥文化以各种形式体现在我们的生活中，但吉祥行为、吉祥物、吉祥图形三者之间并不是孤立存在的。它们彼此相融，以不同的形态与其他文化相融，以实物或虚拟的产品形式呈现在人们的生活中。中国传统文化是世界优秀文化之一，具有悠久的文化积淀，在长期的文化发展过程中，各个民族、各个地域的文化共同造就了异彩纷呈的中国传统文化，诞生了多种品类的吉祥元素。新时代，设计者更加需要充分挖掘中国传统文化中的吉祥元素，总结吉祥元素类型，使其焕发新的生机。

一、中国传统吉祥元素的不同类型

（一）造型

造型是指物体的基本形象特性。首先，中国传统吉祥元素具有高度的抽象性，吉祥元素大多直接或间接取自日常生活中常见的动物、植物、用具、物品等，其造型往往不受具体形象的束缚，突破固有的形象，着重突出抽象意象和美感。其次，中国传统吉祥元素具有对称与均衡的特点，其造型往往呈现出左右对称、上下对称的纹样和造型，呈现出相同或相近的均衡感。再次，中国吉祥元素在繁复中求变化，错落有致，吉祥元素图案表现出整体统一的造型，同时追求元素之间的局部变化，达到局部服从整体的视觉效果。

（二）纹样

中国传统吉祥元素大多以纹样为主要表现形式，充分利用纹样所具有的特殊寓意去表现吉祥元素的吉祥寓意，如祥云、中国结、饕餮纹等，都是通过纹样的变化表达人们对某一事物的追求。例如中国汉字，不仅具有表意的功能，还具有审美功能，其笔画走向痕迹本身即可视为纹样。笔迹的纹样特点造就了深层次的视觉效果，在产品设计过程中可以利用汉字的纹样美感，充分将吉祥元素与文创产品设计融合。

（三）色彩

色彩能够表达传统文化的深刻含义，色彩是中国传统吉祥元素的重要组成部分，吉祥元素的色彩经过千百年的发展，已经具备了统一的色彩配色体系。例如，中国重彩画中强烈的色彩对比，能够充分表达矿物质颜料的色彩特性；紫禁城强烈的黄红色调，充分表达富丽堂皇、威严庄重的视觉效果；少数民族服饰色彩的浓烈与含蓄无不代表中国吉祥元素的色彩特性。因此，现代文创产品的开发应充分展示吉祥元素的色彩特性，借鉴古人的色彩配色效果，同时结合现今流行的审美元素进行产品设计，助力文创产品在新时代凸显其重要价值。

（四）含义

吉祥纹样的核心内容，则是其吉祥含义带给使用者的美好感受。图形的含义既是祝福，也是一种心理暗示。以此类纹样装饰的文创产品，仿佛具有带来好运的神力。因此现代文创产品设计中，也常见以吉祥含义为表现内容的作品。

二、文创产品设计中传统吉祥元素应用分析

文创产品设计是大众精神追求的良好体现，是大众向往人文情怀的一种方式。受中国传统文化影响，为了满足人们对美的追求，我国文创产品在满足产品基本功能的基础上，在设计特性方面对传统元素加以借鉴，使我国文创产品的设计具有古典艺术之美。

（一）传统造型要素

中国优秀传统文化造就了传统吉祥元素造型的不同。优秀文创产品设计一定要具有良好的造型特征，拥有吸引人的产品外观，才能体现出设计者的设计理念。在文创产品的设计中融入吉祥元素，可以体现出中国传统文化的优越性，观者可以感知出传统文化的内在价值。

文创产品设计一般运用造型去表现其所蕴含的人文情趣和意味，以造型表现对吉祥元素的传承。文创产品设计将古典吉祥元素融入设计中，不论是具象化形态还是抽象化形态，皆能传达其文化内涵和精神。传统吉祥元素具有优美的造型、巧妙的设计，结构引人注目，并且具有实用功能，尤其在功能上大多符合工程学原理，所以在文创产品设计中可以将吉祥元素的造型要素与现代审美相结合，传承传统文化的同时设计出极具民族特色的文创产品。

（二）传统纹样要素

在文创产品设计中重构吉祥元素，对每个吉祥纹样进行重新组织，能促使文创产品的使用价值得到充分提升。在运用纹理要素时，设计者可以整体利用也可以局部利用，整体利用纹理的样式能表达出美好的寓意，局部利用纹理细节，并结合新时代的设计特点，能构成新颖的纹样样式。传统吉祥元素的纹样多种多样且具有深刻内涵，例如"狮子滚绣球""象驮宝瓶""三阳开泰""童子抱鲤鱼""金鱼数尾""喜得连科"等纹样都具有吉祥如意的内涵，且这些纹样都以丰满圆润为特点。目前，"狮子滚绣球"纹样被广泛应用于文创产品的设计中。"三阳开泰"纹样经过艺术处理印在灯具之上，使灯具不仅具有实用功能，同时还能传递中国传统文化之美。

案例：吉祥文化主题文创产品设计——腾讯集团年礼文创设计

设计思路：以吉祥理念设计腾讯公司年礼文创产品设计。在中国年背景下，消费者对于吉祥含义有基本需求。此方案在造型上用了圆形，利用了中国人对圆形有天然的团圆、圆满的吉祥寓意的理解。与方案中福、禄、寿、喜的美好理念更为吻合。将传统吉祥纹样应用于腾讯公司年礼文创产品设计中，既体现中国年背景下对于吉祥寓意的需求，又符合腾讯公司的企业形象要求。

设计师：马乙娉

（三）传统色彩要素

　　文创产品的重要表现方式之一即是色彩，色彩是用户最为直观的感受媒介。中国传统吉祥元素具有自己独特的民族特点，红色、黄色、白色都代表中国传统吉祥元素的精神内涵。在新时代的文创产品设计过程中，需不断借鉴传统色彩，提升色彩设计的民族性以及文创产品的亲和力，才能使文创产品散发中国传统文化的艺术魅力。

　　新时代文创产品设计中，中国传统色彩的应用越来越广泛，文创产品的色彩能够代表一定的寓意，最为常见的色彩就是中国红。在国人心中，红色有着美好、安宁、深厚等寓意，例如春节期间，每家每户都要贴春联、挂灯笼，结婚时都要穿着红色衣服、发红包，这一色彩在文创产品设计运用中也是最为广泛的。青色也是中国传统色彩之一，以中国的青花瓷最具代表性。此外，黄色也是中国传统色彩之一，以琉璃瓦黄、宫廷黄等最具代表性。此外笔者认为，在设计旅游纪念品时，可以结合当地的传统地域色彩进行文创产品的色彩设计，使传统色彩与文创产品的设计相融合。

案例：传统色彩文创产品设计——婚庆文创产品设计

设计思路：为中国红色调的婚庆主题文创产品设计。运用传统吉祥色彩及元素的同时，兼顾画面时尚感，保证市场应用价值。

设计师：马乙婳

（四）传统含义要素

　　现代文创产品对于传统纹样吉祥含义巧妙合理的运用，往往达到事半功倍的效果。虽然西方思想不断进入，但中国人固有的对吉祥含义的追随崇尚不会改变。特别是在传统节庆的特殊场合，表现更为集中。

案例：传统含义文创产品设计——福禄寿禧财主题文创设计

设计思路：本案为系列设计作品，每件作品围绕福禄寿禧财主题之一进行设计，图形元素与该主题密切相关的同时，色彩应用结合流行趋势要求，使作品在保持传统意味的同时符合市场需求。

设计师：陈都

福·福缘善庆

福·福缘善庆主版图案

福

福　缘　善　庆

设计说明：

福·福缘善庆选用中国传统吉祥图案童子做为主要元素贯穿画面，寓意五福临门、纳福迎祥。同时，搭配选用了在我国占据重要地位的瓷器做为载体，承接画面。整体色调在蓝灰色调的基础上偏植物粉蜡色，用朴实的色调营造平和的氛围。

禄·加官晋爵

禄·加官晋爵主版图案

禄／加 官 晋 爵

设计说明：

禄·加官晋爵主题元素选用禄神的形象，也就是人们所熟知的文曲星，周边配以莲花、鲤鱼共同寓意一举中第、仕途坦荡，同时也要注意恪尽职守、为官清廉。整体色调用宁静蓝搭配较为沉静的中性色调，来增强色彩的丰富度和春夏的潮流感。

寿·丛菊万寿

寿·丛菊万寿主版图案

寿 ════════════

════════ 丛 菊 万 寿

设计说明：

寿·丛菊万寿主题选用菊花作为整体
呈现，它的花期在九月，和长久的
久谐音，象征着吉祥长寿，竹叶等
元素进行覆盖缠绕，加深其寓意。
色调灰中提纯，在展现冷色调的疗
愈能力中增加其复原力。

喜·太平升象

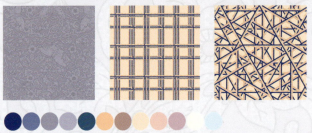

喜·太平升象主、辅版图案

喜／太 平 升 象

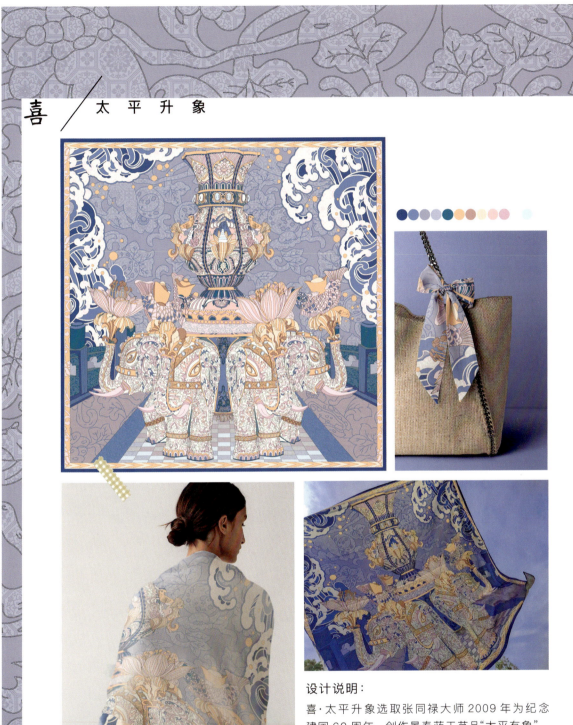

设计说明：

喜·太平升象选取张同禄大师 2009 年为纪念建国 60 周年，创作景泰蓝工艺品"太平有象"，在此基础上进行时尚化平面处理，古语言"国有象则天下太平，家有象则吉祥平安"，白象的出现也是天下太平的预兆，寓意升平景象。

财·日进斗金

财·日进斗金主版图案

财

日　进　斗　金

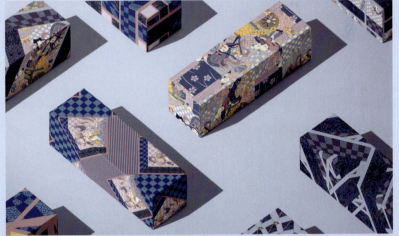

设计说明：

财·日进斗金选取"钱币"作为贯穿画面的重要素材，v整张设计稿以四格橱窗陈列的方式，来展现每一组图案，封闭的四格展示同时寓意收尽四方之财。

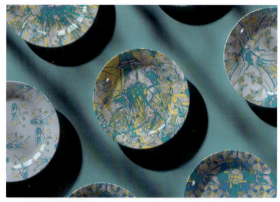

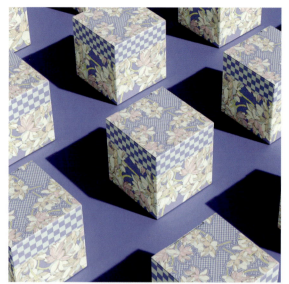

瓷器类

沙发布艺类

案例：传统含义文创产品设计——"丝萝春秋·并蒂荣华"文创设计

设计思路：文创产品设计方案《丝萝春秋·并蒂荣华》围绕吉祥含义进行创作和延展。方案灵感来自于传统吉祥主题，如"龙凤呈祥""花好月圆""百年好合"等，以龙、凤、牡丹、满月等吉祥素材作为画面主体；"逃之夭夭，灼灼其华""十里红妆"等对于婚庆场景的描绘作为辅助元素。

设计师：邹金城

托碟俯视

咖啡匙俯视

咖啡壶盖俯视

唐缸盖俯视

咖啡壶正视

咖啡杯正视

奶杯正视

糖缸正视

托碟正视

咖啡具实物. 2021.8. 曲恒香

正视图

正视图

底部图

底部图

顶视图

顶视图

第二节　以传统工艺为创意来源的文创产品设计

作为传承千年的艺术瑰宝，传统手工艺继承了先人的劳动，将文化融入日常生活。在当今时代，传统技艺随着时代的发展而渐渐消亡，但随着人们文化意识的不断加强和完善，这些传统技艺所拥有的经济、文化、审美价值也慢慢地被人们发现，并成为世界范围内众多学者广泛研究的课题。作为非物质文化遗产的重要组成部分，代表着我国文化发展的软实力。与此同时，经过多年的洗礼与磨炼，继承了无数先人的智慧和理想，其文化内涵也渗透到我们的生产、生活中。在我国，传统技艺有着悠久的历史，传统技艺多样且独具特色，彰显着独特的东方智慧与文化。因此，对传统技艺的再利用将会有效地推动文创产业的发展。在这个过程中设计师要推陈出新，借鉴传统技艺的优点，结合当今时代的生产方式，生产出符合时代发展趋势的产品。

在现代文化创意产品中，核心设计理念，将文化与创意有机结合，从传统工艺中汲取精华，融入现代手工设计，实现传统与现代的结合。这个过程中，在赋予传统文化要素和实用性的同时，增加文化内涵和特色，突出现代文化创意产品的审美价值和个性价值，体现了当今消费者对实用、个性化的需求。

作为传统文化的物质载体，传统手工艺品传递着社会价值、历史价值、文化价值，从衣、食、住、行到宗教信仰、艺术科学、习俗等各个方面都寄托着人们对生活的情趣，传达了人与人、人与物、人与自然之间的关系，具有传承性和民族性。

对于文化创意产品来说，文化是其产品生命的核心体现，其功能是满足人们对物质层面和精神层面的需要。在设计上，不能简单而直接地将传统工艺中的元素、造型、色彩等内容直接地表达在产品上，而是需要通过创意来将这一工艺文化转化为现代人所认同的产品，更加注重产品的创意与民族性。

一、传统工艺对文创产品设计的积极影响

传统工艺作为民族文化的瑰宝，对文创设计发展起到强大的推动作用。

首先，将现代设计的优势与传统工艺相结合，注重融合传统图案与色彩、制作工艺、材料等元素，使传统工艺更贴近大众生活和审美。

其次，传统工艺的背后承载着浓厚的文化内涵和工艺理念，凝聚了先人的智慧与匠心，它所传递的不仅是精湛的技艺，更是对工匠精神的弘扬。为此，在文创设计开发中，要充分挖掘工艺文化的内涵价值与独特的艺术表现，结合新科技、新材料、新工艺等条件，让传统工艺重新焕发其独特的魅力，为文创设计赋予更丰富的文化内涵和价值。与此同时，传统工艺要坚持原生态发展观，走绿色经济、可持续发展的道路，倡导关爱自然、回归自然的精神内涵，从而设计出兼有传统工艺元素与现代生活需求相结合的文创产品，推动文创设计向潜在价值最大化迈进和发展。

再次，中国传统工艺思想源于中国传统美学，从先秦儒家美学思想逐步发展到老子、庄子等美学思想，重视文质的融合，达到内容与形式的相互统一，既要注重艺术的形式美，又要注重艺术文化内涵。儒学提倡"自然人化"，道家主张"道法自然"的观点，都提倡朴素不雕饰，回归自然。这些都为中国传统手工艺设计和现代设计提供了宝贵的美学思想。

最后，除设计外还要注重宣传、流通渠道和销售等产业链中其他环节的配置。应通过善用政府政策拓展文创产品的宣传渠道，加大宣传和推广力度，对内对外宣传其产品内涵，提高国内外消费者对该文创产品的认识和喜爱，扩大国际影响力和产业的发展壮大。同时，我们也要充分利用大众传媒的优势，推广传统工艺，强化大众对传统工艺的认知，引导大众消费，增强大众对传统工艺与现代文创融合的认同。

二、依托传统工艺的文创产品的设计方法

随着全球化的发展，传统手工艺面临着工业机械化、观念化等诸多挑战，传承和创新被提上了日程。发展传统手工艺，需要注入现代设计观念，使之更贴近社会审美需求，顺应时代潮流。现阶段的文创产业发展中，创新设计倡导以环保为核心的设计，要求产品以一种环保、节能的形式出现在市场上。可以通过创新来设计传统工艺的"再设计"。充分认识传统工艺特征因素和消费者需求因素，利用现代技术原理，对传统工艺进行创新设计，可以立足以下几点。

以自然为本的传统手工艺材料匮缺，致使传统工艺面临失传。所以材料创新迫在眉睫，传统材质与现代科技新材料有机结合，既化解自然生态被破坏的难题，又拓展了文创产品的形式，传承和保留其传统文化特征，如以传统蓝染工艺染制的羊皮家具。传统蓝染工艺应用于纺织品。以天然皮革替代纺织品，体现了对传统工艺在材料方面的创新。

案例：传统工艺文创产品设计——传统蓝染工艺文创设计

设计思路：传统蓝染工艺常用于纺织品中，本案的创新之处体现在将传统蓝染工艺应用于羊皮革上，最终完成家具类产品。

设计师：曲静仪

案例：传统工艺文创产品设计——传统蓝染工艺文创设计

　　在设计手法中，通过对传统元素的色彩、造型、表现形式的提取和转换，应用借用局部、部分替代、打散重构等设计手法，创造出符合现代审美观念的文创产品，如利用传统竹编工艺制作的现代家具及饰品。传统竹编工艺技艺精湛，但造型设计不能满足现代生活的需求。在工艺上沿用传统竹编，但在造型及色彩方面，均结合现代装饰语言，最终完成作品体现传统文化的同时，符合现代审美需求。

案例：传统工艺文创产品设计——传统竹编工艺文创设计

设计思路：传统竹编被列为非物质文化遗产。但产品造型及编织工艺均较局限。本设计将竹编和亚克力、皮革等综合材料搭配在一起运用在竹编产品中，更符合当今人的审美，让人们重新爱上竹编这项传统技艺。通过改变竹编的色彩以及融入时尚元素的几何造型带给观者有别于传统的、更加当代的感受。

设计师：彭珺旖

　　尽管传统手工艺依靠手工制作，但因其工艺独特性所带来的生产效率低下等问题将影响其更新和发展。为此，传统工艺可以通过与现代技艺结合的方式，在原有的基础上进行有效的创新。工艺创新的"新"要体现在技术、设备或流程等各个方面。让传统工艺与现代、时尚、日常生活结合，焕发出新的光彩，如上海徐行传统草编工艺为基础的创新产品设计。此套方案中，将传统草编工艺在色彩组合、编制手法上均有创新，使草编工艺的变化更多，造型上更符合现代产品的工艺要求。

　　此外，传统手工艺的情感化"再设计"。融入了传统工艺的文创产品，既能体现物质拥有，又能引起消费者对传统文化的关注，以及审美价值取向的评判，从而产生"精神能量"。随着时代的变迁，人们对产品中所蕴含的情感需求变高，越来越注重其人性化、趣味性，以及工艺带来的亲工感及亲和力。所以，传统工艺融合以文化创意产品为传播载体，应结合消费者内心对传统工艺的怀旧与现代审美、消费特性、自我价值实现等因素，进行产品改造，以适应市场需求。

案例：传统工艺文创产品设计——传统草编工艺文创设计

设计思路：上海徐行的传统草编被列为非物质文化遗产。但产品造型及编织工艺均较局限。本案对草编工艺的色彩、编织手法、应用产品均进行创新设计。

设计师：李自然

案例：传统工艺文创产品设计——皮影风格上海红色故事文创设计

设计思路："皮影"是我国民间古老的戏剧形式。戏中"影人"是根据剧中角色和衬景的设计，用驴皮或牛皮、羊皮经刮制、描样、雕镂、着色、烫平、上油、订缀而成。人物脸谱和服饰造型生动形象， 或淳朴粗犷，或细腻浪漫，或夸张幽默。再加上流畅的雕镂，艳丽的着色，达到了通体透剔、 四肢灵活的艺术效果。"影人" 在艺人的操纵下，靠灯光透射映到白色布幕上，随着乐器伴奏和唱腔配合，便成为"一口叙述千古事，双手对舞百万兵"的艺术形象。战争时期的红色皮影戏，时刻提醒着我们不能忘记过去的战争年代。本案以皮影造型表现上海红色经典人物与故事，再现上海革命时期的奋斗历程。希望通过一代又一代的红色传承，将初心延续。结合皮影艺术风格，以艺术之美助力红色文化宣传，使更多受众能在体验非遗技术传承的同时了解上海红色故事。

设计师：孙佳蕾

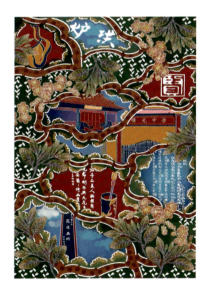

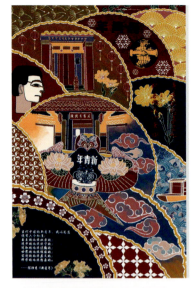

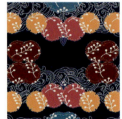
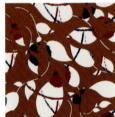

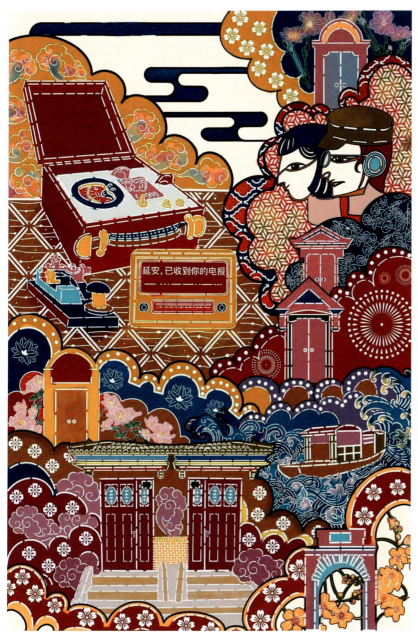

永不消逝的电波——李白

《永不消逝的电波》是中国人民解放军八一电影制片厂摄制、王苹执导的剧情片，以李白烈士的事迹为原型，讲述了中国共产党党员李侠潜伏在敌占区，为革命事业奉献出生命的故事。右图为以此故事作为灵感来源同时参考电影绘制成的。图中的元素都取材自现实中和李白烈士有关的物品和地点，李白夫妇的皮影形象根据真实照片提炼绘制而成。电波在空间中传播，跨越七彩祥云将信息传递到祖国的大江南北。

第三节 以经典文学作品为创意来源的文创产品设计

中国经典文学作品，在历史上曾形成大量的文学理念和文学现象，是中华文明的重要组成部分。其背后反映与传承了当时社会的风俗文化与民族智慧，为当代文创创意产品的创造与开发提供了大量的美学参考与设计灵感。

近年来，随着文创产业的飞速发展，国外进口文创产品不断涌入，市场竞争日益激烈，这一现状刺激国人推陈出新，推动国内文创产业的飞速发展。许多企业通过建立差异化，强调品牌独特属性，将中国经典文学素材应用于文创产品设计，开拓了全新市场。

通过将中国经典文学作品融入文创产品设计，可以最大限度地发挥其文化价值，以文创产品为载体，结合现代人的审美，可以承担起文化传播的功能，唤醒人们对于中国经典文学作品与传统文化的热情，推动中国传统文化与中国特色文化创意产业的大发展。

设计师通过对经典文学作品在文创产品设计中的视觉化演绎，使经典文学可视化、生动化，更容易被大众所喜爱。

一、经典文学作品融入文创产品设计的文化价值

（一）中华文明传承与传播

中华民族在几千年的文明史上，创造了灿烂辉煌的中华文明。

中国经典文学作为中华文明的重要组成部分之一，有诗歌、散文、小说以及词、赋、曲等多种表现形式。各种文体中又有各种不同的艺术表现手法，从而使中国经典文学呈现出百花齐放、丰富多样的图景。文创产品设计可以提取并结合特定的经典文学中的美学思想与视觉元素，这也是中华文明在现代社会传承与传播的一种有效途径。

（二）拉近经典文学与年轻群体的距离

当代年轻人网络生活丰富，影音游戏几乎占据了人们在工作之余的大部分时间，经典文学的传播渠道较为单一，大多为实体书店中的线下书籍售卖与学校范围内的阅读推广活动，传播方式缺乏整体性与新意，对年轻群体吸引力不足，未能激发年轻人的阅读兴趣与主动传播。

通过将经典文学应用于文创产品的设计，可以形成明确统一的视觉识别系统，形成鲜明的文化个性和独特风格，使经典文学作品深入人心，通过进一步地推广和提升，得到其文化价值相称的关注度，从而进入年轻人的生活，最终拉近经典文学与年轻群体间的距离，达成经典文本在现代社会中有效传播的新方式。

（三）文创产品将经典文学作品与当代消费生活相结合

与经典文学作品角色相结合的文创产品因其丰富自由的表现方式以及深厚的文化来源，受到各年龄层人们的喜爱。人们通过关注文创产品而了解其背后的历史故事，许多经典的文学作品因此得到很好的传播和普及。而文创产品作为文学作品的侧面体现，很好地承载了作品中所蕴含的文化传承与发展的背景，以及应有的文化情怀与追求等。

二、经典文学作品融入文创产品设计的开发策略

（一）注重"专题系列"产品的开发

我国传统经典文学作品中，不乏脍炙人口的佳作，相当一部分在国际上有重要影响力。专注于某个专题的系列产品，选取知名度较高的、受众面较广的世界知名文学作品，或知名的人物形象和内容为开发素材是国际上较为普遍的做法，如《西游记》《红楼梦》等专题系列文创产品。右图是以《红楼梦》中金陵十二钗女性为主题的系列文创产品设计方案。该方案围绕黛玉葬花、宝钗扑蝶、元春省亲、迎春捧书、探春远嫁、惜春作画、湘云醉卧、李纨教子、妙玉奉茶、巧姐归家、凤姐爱子、可卿托梦等故事为内容，完成系列文创产品设计。

（二）依托文学作品原始素材进行设计

利用经典文学作品中的插画作为设计元素，是最常用的文创开发方式，此外，经典名句、历史档案和照片等，都可以作为设计元素。开发出的文创产品要具艺术观赏性，时尚性和独创性，品质也要有保障。

（三）结合地方特色，开发旅游纪念品

大多数经典文学作品都有明确的发生地点，其内容也体现当地的风土人情、历史人文、名胜古迹、地理地貌等特点，这对当地人来说，是一种地域文化宣传。

对于旅游业来说，很多文创产品可以作为旅游纪念品销售，既有文化底蕴，又富有当地特色。有很多富有地方特色的古籍资源，比如，方志、旧报纸、舆图和历史照片等，如果能将这些元素加以利用，设计出富有当地特色的文创产品，如历史地图、当地人文风貌的图册、名胜古迹的历史变迁简介等，不仅会受到当地读者的喜爱，一些旅游爱好者也会从中了解当地的历史文化，也能更好地宣传馆藏资源。

案例：经典文学文创产品设计——十二金钗主题文创设计

设计思路：十二金钗指是名著《红楼梦》里太虚幻境"薄命司"里记录的南京十二个最优秀的女子。民间也认其为对风姿各异的美好女子的代称。本案描绘十二位女子的形态，通过生活场景、服装配饰的区别，满足视觉享受。应用于文创产品设计，有受众基础的同时，传承经典文化内涵。

设计师：陈珺

案例：经典文学文创产品设计——传统神话主题文创设计

设计思路：本案以六个著名的传统神话故事为灵感来源，以西方 ArtDeco 风格进行再设计，完成图形方案应用于文创产品设计。

设计师：曲静仪

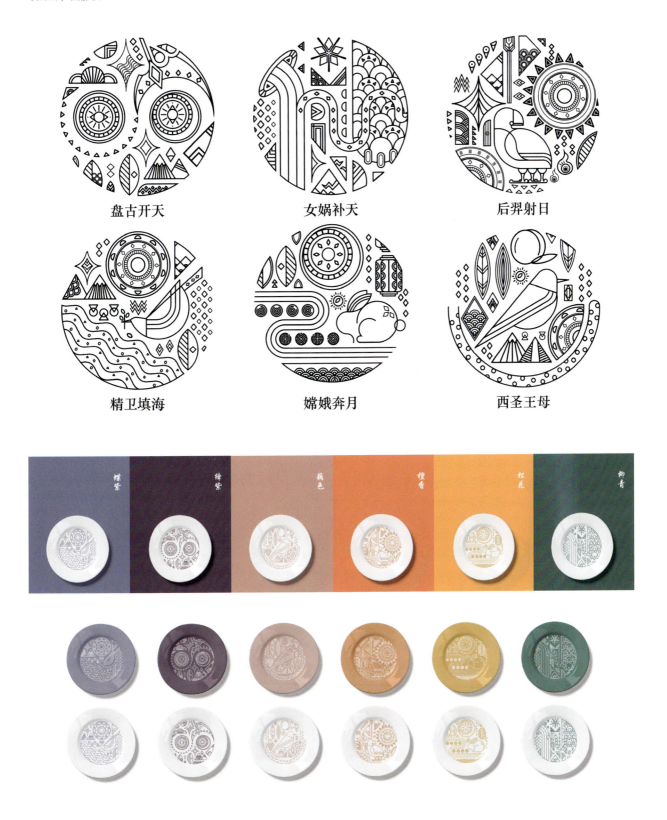

第四节　以民俗文化为创意来源的文创产品设计

民俗文化是指在传统文化生活中形成的一种独特的风俗习惯，是反映民众日常生产生活以及生活习惯最直观的体现，是最基本的社会意识形态之一。早在《汉书·王吉传》中就有"百里不同风，十里不同俗"的记载，近年来国家一直在保护不同地域的民俗文化习惯，这对树立国家文化自信有着举足轻重的意义。民俗文化的创新应用不仅是将民俗文化生活再现出来，而是要凝练相应符号进行应用，重新让人们对民俗文化产生热情。将文化中的有效人造符号进行提取的过程，这些有代表性符号的提取及加工能够使民俗文化更加贴近现代生活。除此之外，传统民俗形式或符号需要不断融合创新形式进行应用才能设计出符合当代人审美需求的文化创意产品，从而更形象地应用于文创产品设计中。

带有民俗特色的文创产品不仅能直观地表现地域文化的特点，还能间接将文化作为一种形式认知传承下去。提升文创产品的形式、材质、典故以及自身寓意，形成具有独特内涵的文创纪念品，可以更紧密地与地域文化形式进行贴合，也将地域民俗文化更好的传播出去，达到一定的宣传效果。地方民俗是不同地域所独具特色的文化形式，是我国民族文化中不可分割的一部分，是国民树立民族文化自信的重要基石，也是人民生活中极其重要的一部分。

一、文创产品与民俗文化结合的必要性

文创产品的价值不局限于商品本身的使用价值，将民俗特色融入后的文创产品更是将文化符号以及具有一定象征含义的信息以更实用、更贴近生活的方式表达出来，消费者购买的不仅仅是带有纪念意义的商品，同时达到了传播促进当地文化发展的作用。文创产品在搭载民俗文化符号的同时，既能满足消费者最基本的消费需求，又能发挥其文化承载作用，可以利用相应旅游业作为载体，运用消费者在当下或感兴趣的事物中的情感储存让消费者对文创产品产生浓厚的购买欲望。将文创产品与民俗文化进行融合，能赋予文创产品更广泛的特色文化题材，从而在众多的文创作品中脱颖而出。

二、文创产品结合民俗文化的叙事性设计方法

（一）风俗性叙事设计

叙事性设计方法的重点就在于"事"的传达，从使用方式上表达出产品所要叙述的主题。那么，在叙事性设计中，首先就是要确立叙述的主题，而主题可分为主题文本和叙述文本两个层次。主题文本是对创意素材的提炼。叙述文本直接面向用户，是设计者对主题文本的转换。从产品叙事方式和传达的隐含意义来看，文创产品的叙事性设计方法可分为文学性叙事设计、道德性叙事设计和风俗性叙事设计。其中，风俗性叙事设计方法适用于民俗文化方面的文创产品开发。风俗性叙事设计手法可以通过设计作品中的人物、情节和内容来表达人们日常生活中的特定主题，这与当地的民俗文化密切相关。

（二）地域性文化符号引用

文创产品这类商品之所以能够被大众认可和关注，其核心的价值和存在的意义就在于它对于地域文化的传播性是非常高的。地域文化设计是在设计中吸收地方、民族、民间风格以及地域历史遗留下来的各种文化痕迹。民俗文化最显著的特征就是其地域性，这也是它的灵魂所在。而地域性符号具有独特的地域风情和人文特质。地域性符号中最关键的一点，也就是它的与众不同之处，是创意构成中最主要的元素。设计师应对当地人文地理特征等进行深入挖掘，找到具有民族特色的视觉元素，并将这些元素合理运用到文创产品设计中，遵循形式与功能相统一的原则进行文创产品的装饰、产品形态的构建，建立产品结构与产品外部环境文化因素之间的关联。民俗文化中特殊的地域性特征作为视觉元素出现在文创产品上，不仅能提高产品的美观性，还能提升产品的文化内涵，促使消费者产生深层解读地域文化的兴趣。

案例：民俗文化文创产品设计——十二生肖主题文创设计

设计思路：以十二生肖主题为内容，以时尚色彩及现代平面设计表现方式为手段，完成文创设计方案。在传达传统文化的同时，强调时尚品味。

设计师：严加明

案例：民俗文化文创产品设计——兔年春节主题文创设计

设计思路：围绕兔年春节主题相关元素完成春节系列文创设计方案。例如风俗习惯、美食佳肴等，同时将传统中国年味色彩与时尚色彩结合，完成既有时尚特色又有中国春节味道的设计方案。

设计师：贾茜滋

第五节　以传统艺术为创意来源的文创产品设计

传统艺术是指在历史发展过程中，一个民族或地区形成的既定艺术风格或艺术形式。传统艺术是劳动人民智慧的结晶，更是漫漫岁月长河中，人民创造的宝贵文化遗产。

近年来，传统文化和艺术的保护和传承被反复提及，其受重视程度也不断提升，传统艺术仍在缓慢地发展，但是信息时代的到来，使得这些传统艺术都面临了前所未有的危机。各种各样的新鲜艺术进入人们的视线，传统的艺术逐渐无人问津，许多"非遗"都面临失传。社会发展的速度很快，如果无法紧跟，就会被时代的洪流所抛弃，传统的艺术形式急需推陈出新，重新找到自己的定位，融入当今社会，从而得到进一步的传承。

一、传统艺术应用于文创产品设计的价值

传统艺术不仅仅包含外在的艺术形式，还包含背后深厚的地域文化和传统文化。地域文化是一种有着精神和物质双重属性的区域文化，大多是在本地区多年的发展中所汇聚、诞生的文化内容，具有独特性、普遍性、差异性、渗透性、继承性等特点。传统文化是反映民族特征和民族风格的一种民族文化，是民族历史上各种思想文化和观念形态的整体表现。它是与当代文化和外国文化相对应的名称。在进行文创产品设计时，引入传统艺术的精神内核，让人们对此产品达到价值认同和情感契合，并能够引发其进行联想，诱发人们的情愫，使其对产品产生情感共鸣。在设计过程中表达一种文化，是文创产品承载的使命。在这个过程中，地域和传统文化从根本上影响着文创产品设计中的情感表达。设计师可以在设计过程中借用经典故事，填充文创产品的内涵，并通过叙事手段来建立情境，将产品的精神属性和物质属性结合在一起，从而完成文创产品核心文化价值的输出。

二、传统艺术应用于文创产品的设计思路

（一）传统艺术的具象转化

具象转化是指将艺术元素提取转化，直接应用于文创产品设计上。我国疆域广阔，地域差异明显，造就了各种独具特色的文化艺术，每个地区领域的环境样貌与建筑风格、服饰特点和器物样式都各有千秋。依托于地域，发展于自身，从地域传统艺术和高校文化中都能够直接提取出可以直接利用的样式、造型、纹样等元素。具象转化的关键在于设计师要对民族性和地域性的民间艺术进行大量的收集考证工作，形成资料库，并从中选取最具代表性的内容，应用于文创产品之中。设计师需要将特有的民族艺术造型进行归纳总结，转化生成具有辨识度的纹样和造型；将已经形成体系的造型和纹样进行分类整理，力求能够在设计中做到有的放矢，有针对性地进行表达。在进行文创产品设计之时，通过对多种元素的提取利用，和对传统艺术的借鉴应用，能够保证对特色风格进行直接的展现。但在进行具象转化应用之时，容易出现"拿来"套用的问题，设计师切记不可对元素进行粗暴地直接应用，转化步骤万万不可忽视。例如，以传统戏剧艺术为主题进行文创产品设计，以具象手法描绘剧中人物形象以及相关装饰元素。

（二）传统艺术的抽象转化

抽象转化是指对文化艺术的意识形态进行转化，将抽象的艺术观念和民族精神文化附着于文创产品之中，此种思路着重于对文化创意产品的意境观念的传达。抽象转化应用的关键在于，设计师要准确把握不同形式的艺术特征，将人们脑海之中模糊的印象变成产品清晰地表达。例如城市形象，可以通过色彩定义；而民族形象则可以通过民族生活场景的描绘来进行定位。只有设计者被民族和地域文化艺术所感染，才能够精确地传递出民族精神和价值观。

抽象转化时容易陷入虚无缥缈的极端之中，产品出现"形而上"的现象，为了避免这一缺陷，设计师在进行文创产品设计时，要注意不能脱离现实，不能够忘记产品的基本属性，要注重产品物质与精神的联结。

案例：传统艺术主题文创产品设计——京剧主题文创设计

设计思路：本案以经典京剧女性人物为创作来源，完成系列文创方案设计。每件作品围绕京剧人物的故事背景、性格特征展开。最终作品满足时尚需求的同时，有浓郁的中国传统特色。

设计师：高嘉若

案例：传统艺术主题文创产品设计——京剧主题文创设计

设计思路：本案以经典京剧女性人物为创作来源，完成系列文创方案设计。每件作品围绕京剧人物的故事背景、性格特征展开。最终作品满足时尚需求的同时，有浓郁的中国传统特色。

第五章　历史文化主题文创产品设计

　　历史文化资源是一个民族的文化标识和一种文明的重要载体。几千年演进积淀的历史文化资源，构成了文化产业发展的最大特点，也成了文化产业发展的优势所在。有效激活历史文化资源的生命力和吸引力，实现历史文化资源的活化利用和深度开发，成为发展文化产业的基本路径和现实选择。所谓"历史文化"，其含义主要指导历史与文化的二者之间的相互关系。对于历史文化资源的理解主要分成两种：一是在历史发展中的文化，强调文化资源的历史性；二是以历史为核心的文化资源，则强调文化资源的内容。

一、历史文化资源的分类

通过对历史文化资源的梳理，将设计学上对创意产品要素的研究应用于历史文化素材的研究，首先对于历史文化资源分类了解。广义上看历史文化资源应包含历史文化遗产、非物质文化遗产、宗教文化、民风民俗等。为了区别于本书其他章节内容，我们将历史文化资源分为物质形态类历史文化资源、活动形态类历史文化资源及精神形态类历史文化资源。其中物质形态类历史文化资源可分为名胜古迹、文物藏品；活动形态类历史文化资源可分为语言文字、工艺美术、表演艺术、民间风俗；精神形态类历史文化资源可分为精神特质、精英人物。

二、素材提炼方法

历史文化主题文创产品重点建立在基于历史文化内涵，收集和提炼历史文化资源。在导入开发时，应充分了解消费者接受度和文创设计销售场所等问题，以接受度、知名度优先原则、物质类文化资源优先开发原则，结合活动类文化资源的开发以及业神类文化资源开发的标准来逐步推广。

（一）物质形态类历史文化资源的提取

我国不同地域物质形态类历史文化资源丰富，对他物质形态类历史文化元素的提炼也应丰富而直接，是文创产品设计中较多考虑的资源形态。主要包括风景名胜及文物资源两类。

对于风景名胜元素的提取可促进地方文化旅游产品的多元化结构调整。着力于产品的独特性、创新性、文化性等特点，创造出的文创设计具有充沛的文化内涵，提升地区文化创意产品设计的吸引力。案例是朝代主题文创设计方案，通过具象描绘明代人物、家具、建筑等体现特定时代的历史文化特征。

对文物藏品的创意开发，利用文物藏品的平台，更好地宣传地区历史文化，让受众能够走近文物，了解历史，推动历史文化传播。

（二）活动形态历史文化资源的提取

活动形态历史文化资源，主要有语言文字、工艺美术、民俗文化等。对活动类历史文化资源的元素提炼也可以直接应用。工艺美术领域的装饰、造型元素，民俗文化中涉及的装饰物品等均可作为活动形态历史文化资源的提取内容。

（三）精神形态类历史文化资源的提取

对精神形态类文创设计的要求不同于物质形态类直接设计元素的提取，精神形态类文化元素更加抽象，对精神形态类文化元素的提取更多的是来自于感性认识。针对精神形态类文化元素的提取应采取由细入微的分析方法，对精神形态的行为及人物形象的拆分与表达都要建立在对精神类文化深入研究的基础之上。精神形态类文化提取主要涉及两方面。

一方面，古往今来积淀的地域文化及各个历史时期的文化特色，是此类文化元素提取的重点；另一方面，精英人物元素的提取亦可充分反映不同历史时期的时代特色。通过对精英人物资源的创意开发，使受众能体会到精英人物的事迹中所蕴含的智慧，这些文创设计上的精英人物将更具有亲和力。

第一节   历史文化主题文创产品设计及案例

以历史脉络或特定时代为主题的文创设计课题也有一定需求，本章节展示几组此类方案。结合特定时代的人物、场景、故事完成装饰方案，并应用于产品设计。案例以特定历史时代为主要表现内容。

案例：历史文化主题文创产品设计——唐、宋、元、明、清主题文创设计

设计思路：本案通过借鉴唐、宋、元、明、清不同时代的经典艺术作品，表现不同的时代特征。通过人物着装、建筑空间、生活场景的不同形式来反映时代特征与文化背景。在色彩应用和布局方式上，结合文创产品时尚应用。

设计师：朱佳颖

案例：历史文化主题文创产品设计——"回望长安"主题文创设计

设计思路：盛唐时期百姓丰衣足食，国际交流频繁，包容性极强，是中国古代国力鼎盛的时期。近年很多影视作品均表现此主题，有启发激励当代百姓民族自豪感的积极意义。本案灵感来源于"长安回望绣成堆，山顶千门次第开"。由此联想到广阔的骊山全景，树木葱茏，楼阁耸立，花团锦簇的画面，进而形成此套作品。

设计师：陈都

第二节　地方旅游主题文创产品设计及案例

在社会经济不断发展、民生水平持续提高、旅游建设持续推进等多重作用之下，我国旅游已从小众走向大众，旅游消费市场与旅游投资市场也随之步入积极阶段，蕴含着可观的价值挖掘潜力与进步发展空间。而旅游文创产品，正是时下热门的旅游经济发展点。在此背景下，有必要对地方旅游文创产品的设计与开发进行探究讨论。

传统旅游市场中旅游商品的高价低质、设计浮夸、内涵单调等问题层出不穷，为广大消费者所诟病。近年来，受到相关部门执法整顿、旅游行业良性发展、消费者要求日益提高等多重影响，旅游商品的市场乱象得到了明显缓解，越来越多旅游特色与现代设计协调、文化功能与实用功能兼备的优质旅游商品被开发出来，且以文创产品最具代表性。现阶段，国内绝大部分旅游景点、文旅企业投入文创产品的设计开发与市场营销当中，且总体效益比较可观。但从另一方面来看，市场的蓬勃发展势必带来激烈竞争，继而引发"同质化"的产品开发现象。此时，如何在市场竞争中立于不败之地，如何在同质化潮流中凸显产品特色与文化内涵，成为业内人士关注的焦点问题。

2018 年是文旅融合元年。2018 年年底，政府层面的文旅融合已经全面完成。文化是人类所创造的精神财富和物质财富的总和，并且具有一定的地理性、物质性、历史性、传承性，而旅游是实现文化传承和发展的载体，文化是旅游的灵魂，文化和旅游的结合生成了一种将人文旅游、社会旅游和自然旅游等相结合的流行新形式。这种新形式不仅可以带来令人身心愉悦的美景，同时也对经典文化资源所衍生出的旅游文创产品的创新性、独特性提出了更高的要求。

在文旅融合的视域下，旅游文创市场既具备可观的潜力与前景，也保有激烈的竞争与变化。此时，相关人员若想在同质化的行业市场中脱颖而出，设计出具备市场影响力、消费吸引力、文化传播力的优质旅游文创产品，就必须在文化符号、产品载体的选用上下足功夫，并注重保障产品质量、迎合消费者需求特点，以达到理想的产品设计开发效果，促成经济效益与文化效益的"双丰收"。

一、文旅融合下旅游文创产品的设计策略

《关于促进文化与旅游结合发展的指导意见》中明确指出："文化是旅游的灵魂，旅游是文化的重要载体。"基于此，作为横跨文化与旅游两大领域的产品类型，旅游文创产品在设计上既要具备内涵，发挥好旅游文化的承载与传播作用，又要具备吸引力，可有效激发消费者的旅游兴趣。基于此，从素材与载体两个角度入手，对文旅融合视域下旅游文创产品的设计策略进行分析。

（一）旅游文创产品的素材设计

结合市场现状与行业经验来看，主要可通过如下三种途径进行旅游文创产品素材的设计选用。

1. 直接"挪用"旅游地区的特色文化符号

这种素材设计途径的运用相对直接，旅游文创产品由此形成的文化特点也比较原始、直观。通过对这些文化符号的挪用，消费者能感受到地域独特的文化韵味，获得精神上的积极体验。例如，上海主题文创产品设计方案，可以"挪用"上海黄包车、石库门等典型地区特色文化符号。

2. 深度挖掘旅游地区的特色文化元素

在选用素材时，还可脱离既有文化符号，投身到新 IP、新元素的挖掘创造当中，从而达到更具延伸化、个性化的文创产品设计效果。例如，故宫博物院以猫为基础，创设出"故宫猫"这一卡通文创 IP，并陆续推出系列产品。

3. 创新实现多种艺术风格里的有机融合

实现古今中外艺术风格的碰撞交融，也是当前文创产品设计中凸显特色、刺激消费的有效途径。例如，将旅游文化与赛博朋克的艺术风格结合在一起，设计出极富个性的文创产品。

（二）旅游文创产品的载体设计

现阶段，市面上常见的旅游文创产品可分成低、中、高三个档次。而旅游文创产品载体设计可选择的对象极为宽泛，甚至有"万物皆可文创"之势，且在投入成本、产品档次、功能价值等方面有很大差别。因此，相关人员在设计实践时，应从目标群体、产品成本、设计难度、生产规模等多个角度入手进行综合考量，最终实现文化载体的适宜选择。

二、文旅融合下旅游文创产品的开发要点

（一）注重消费者需求特点的充分迎合

旅游文创产品的本质是一种商品，其文化传播能力、旅游吸引能力都是建立在"卖得出去"这一前提上的。因此，在设计开发旅游文创产品时，要将消费者需求特点作为主要导向，确保产品在造型、颜色、内涵、用途等方面能受到广大消费者的喜爱与支持。

（二）注重文创产品质量的切实保障

无论在哪个时代、何种市场中，质量都是衡量产品整体价值的重要指标。面对"同质化"现象日益加剧的文创市场竞争局面，必须坚持"质量为王"的产品开发理念，确保消费者在购买旅游文创产品后的使用体验。

（三）注重文创产品营销形式的系列化

现阶段，绝大多数旅游企业、文创品牌致力于 IP 的设计开发。究其原因，主要是在现代市场营销的视域下，独立性产品的生命力与影响力远远低于系列性产品。因此，在文旅融合背景下进行旅游文创产品的开发时，也应尽量避免"孤岛化"的问题出现，向市场中投放出成套组、成系列的文创产品。通过这样的方式，既能更加丰满、立体地实现文化元素的承载与传递，也能促进文创产品影响力的长期延续，甚至在网络中形成专门的受众社群，为文化、旅游、经济三重效益的同步提升夯实基础。

案例：地方旅游主题文创产品设计——上海地方主题文创设计方案

设计思路：本方案以上海的建筑元素及城市生活场景为内容完成。适用于上海地方旅游文创产品。

设计师：郭雨柔

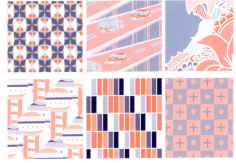

案例：地方旅游主题文创产品设计——西安主题文创设计

设计思路：该方案围绕西安地方特色古建筑、特色文物进行绘制。特别是兵马俑的应用，名片式标志出西安的地方特色。以现代装饰手法，运用具有传统意味的装饰色彩完成。

设计师：王佑君

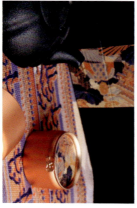

案例：地方旅游主题文创产品设计——丝绸之路系列文创产品设计

设计思路：丝绸之路系列文创产品设计方案以古代丝绸之路沿线国家城市为主要研究对象，其中包括所选地区古今存在的动物、植物、建筑、绘画，以及该地区存在特有的色彩搭配、图案表现手法等艺术形式进行研究。通过对丝绸之路沿线重要城市元素的研究、整合、筛选，最后规划出四个部分，分别以长安、敦煌、君士坦丁堡、罗马城为方向进行创作，最终运用至茶具、餐具等产品中，以达到元素的时尚化及运用。

设计师：邹金城

似锦长安

以方案设计的咖啡具、茶具。该图通过描绘大唐盛世的繁荣景象，体现当时长安的美好生活。从文化角度看，借古喻今，激发国人的民族自豪感和自信心。从艺术角度看，画面绵延、节奏丰富，整体协调与局部变化完善融合。色彩方面既遵循大唐给人的绚丽印象，又巧妙结合现代流行趋势中撞色对比的手法，满足现代设计对时尚感的要求。

主图设计

咖啡具

茶具

酒瓶

海报

永恒罗马

内容融合罗马特色建筑及代表动植物形象，色彩以金色系体现罗马帝国的强大繁荣。

主图设计

餐具

茶具

璀璨敦煌

内容题材来自敦煌壁画。人物结合建筑及动植物元素，与整体系列风格吻合。色彩也是对敦煌色彩的时尚化衍用。

主图设计

咖啡具

茶具

君士坦丁

内容依然取材自当地特色建筑及动植物元素。色彩在体现民族特色的同时兼顾时尚性。

主图设计

餐具

茶具

案例：地方旅游主题文创产品设计——黎族风情

设计思路：黎族风情文创设计方案，该方案描绘了黎族人民生活的日常景象。远山夕阳、椰子树，家禽走兽共同诉说当地风土。三两聚集劳作织布的人民，洋溢着欢乐气氛，是为人情。如此一幅和谐画面，可使观者身临其境体验当地风情，非常适合作为地域文创产品的方案。

设计师：石芬

方案图稿

文创产品

案例：地方旅游主题文创产品设计——海派风情

设计思路：海派风情文创设计方案通过描绘上海特有的风土人情，涉及建筑、人文、日常生活等多个方面，以此来表现海派文化特色，并用于体现地方特色的文创产品中。

设计师：潘馨瑶

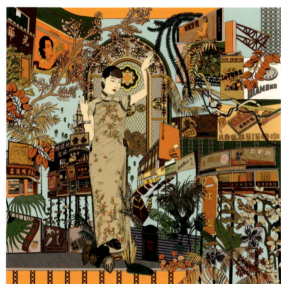

案例：地方旅游主题文创产品设计——兵马俑主题文创设计

设计思路：西安主题文创产品设计方案，该作品主要运用了西安的兵马俑元素为主要元素，其中包含了跪射俑、一号俑坑、青铜马车、士兵等。以秦半两为底纹，俑坑运用了和兵马俑相近的橙、卡其、棕配色以及相对反差的蓝配色，想以一种新的颜色来创新兵马俑带给人们以往的感受。

设计师：黄筱雅

案例：地方旅游主题文创产品设计——兵马俑主题文创设计

案例：地方旅游主题文创产品设计——古都西安

设计思路：西安博物院是陕西省西安市的一座集博物馆、名胜古迹、城市园林于一体的博物馆，2007 年对外开放，以展示的珍贵文物、唐代千年古塔、悠扬的雁塔晨钟、秀丽的园林景观而闻名，突出反映西安的都城发展史和都城社会生活状况。案例"古都西安"设计灵感源自 22 件馆藏文物。

设计师：马乙娉

案例：地方旅游主题文创产品设计——海上丝绸之路

设计思路：海上丝绸之路是以地域文化环境为主要表达内容的典型文创案例。方案描绘的海上丝绸之路是古代中国与外国交通贸易和文化交往的海上通道，也称"海上陶瓷之路"和"海上香料之路"。本案中以海上丝绸之路经过的几处著名城市为表现重点，以此来体现海上丝绸之路贯穿航线，经历不同地域文化环境，促进文化交流的特色价值。响应当前"一带一路"热点话题以及对文化交流的美好展望。

设计师：陈洁涵

中国南部沿海

案例：地方旅游主题文创产品设计——海上丝绸之路

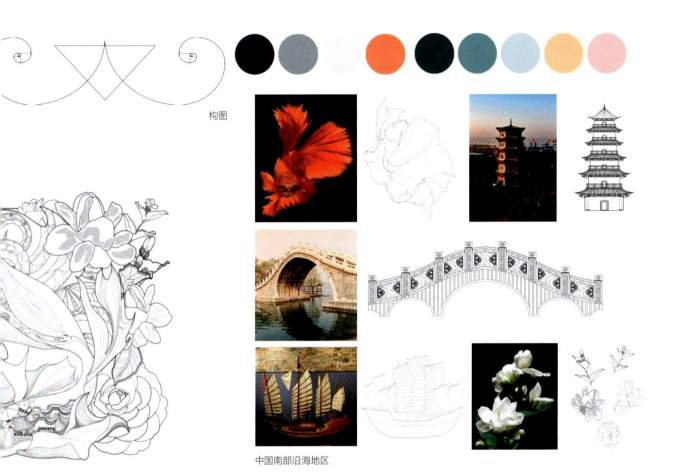

构图

中国南部沿海地区

印度

构图

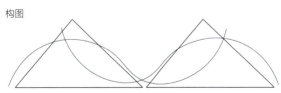

泰国

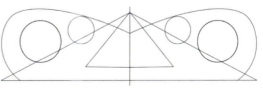

构图

埃及

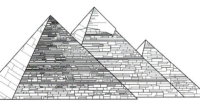

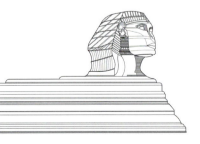

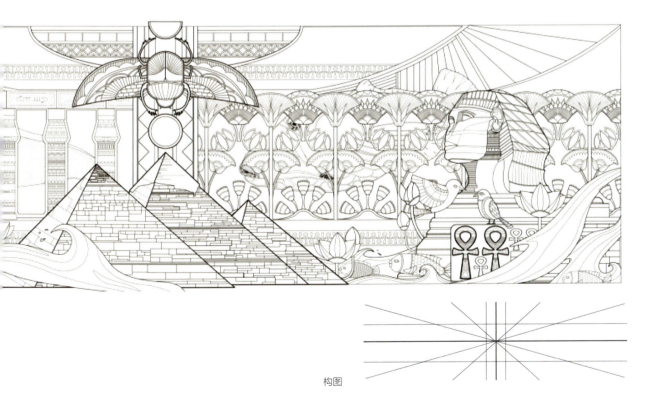

构图

非洲

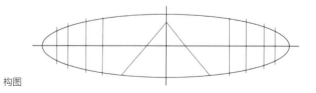

构图

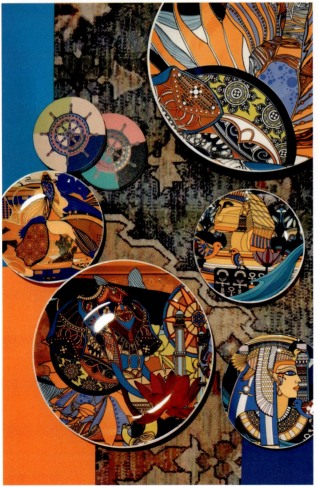

案例：地方旅游主题文创产品设计——新疆主题文创设计方案

设计思路：新疆主题文创产品设计方案以维吾尔族传统乐器及酒器、首饰、纺织品为素材完成。民族工艺品作为当地特色，本身具有鲜明的装饰效果和地标效应。而各种工艺品经过历代打磨，在装饰效果上已日渐接近完美。以这些极具民族性的素材完成方案，一方面可以利用各种工艺品本身具备的审美特征，另一方面传递出浓浓的民族特色，是有效便利的一类设计方法。

设计师：侯曼珂

案例：地方旅游主题文创产品设计——礼乐之疆

设计思路：文创设计方案礼乐之疆集中表现的新疆地区的民族特色，并以当地的乐器为主要表现内容。结合新疆特色动物骆驼形象，以及新疆特有装饰纹样，以强烈对比的色彩反映当地民族性特色。

设计师：徐承倩

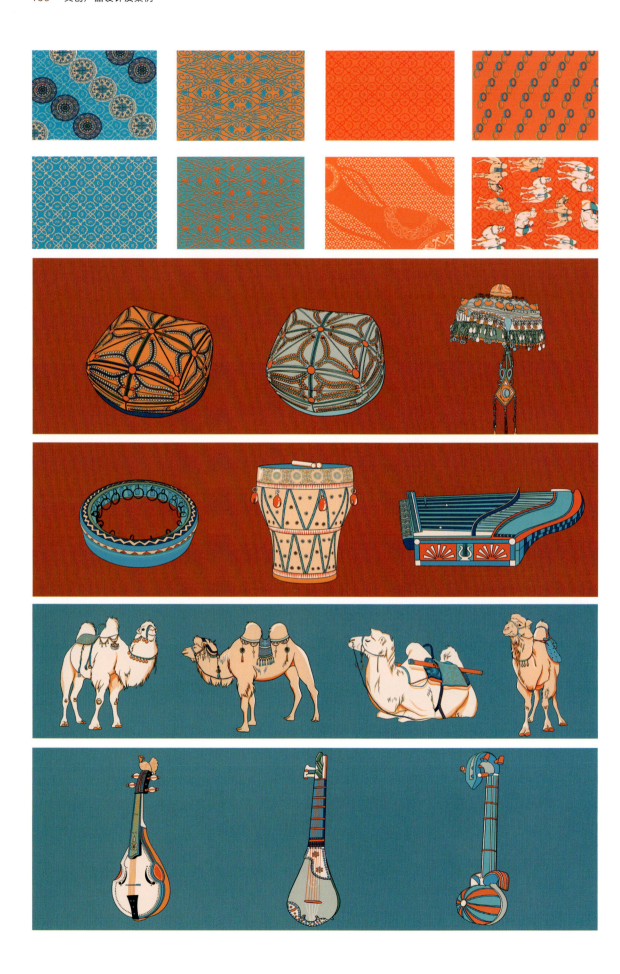

案例：地方旅游主题文创产品设计——丝路记忆

设计思路：新疆艾德莱丝绸是极具地方特色的纺织产品，有着悠久历史，被称作"丝绸之路的活化石"。文创设计方案丝路记忆以此纹样为灵感来源，并在肌理及色彩上进行时尚化再设计。同时辅助新疆特色服饰品、工艺品来丰富画面，体现出浓郁的民族性特色。

设计师：胡静怡

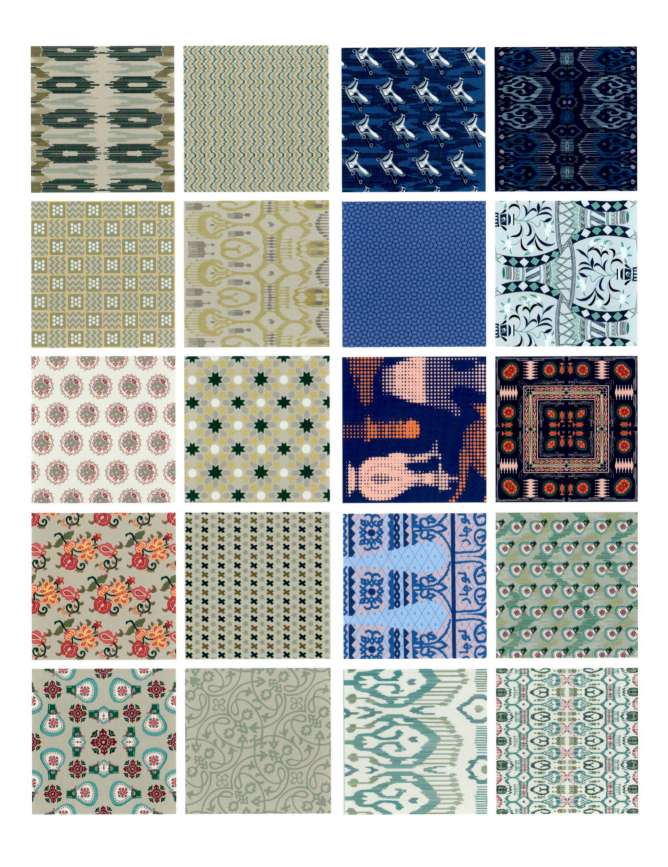

案例：地方旅游主题文创产品设计——锦上云南

设计思路：文创设计方案锦上云南，其灵感来源于云南少数民族精彩丰富的刺绣作品。方案中将云南民族刺绣中的素材提取，再组合。设计能力体现在对于传统少数民族刺绣元素进行符合时尚审美要求的再组合，以及传统民族刺绣色彩向时尚流行色彩的调整和倾向，使最终方案既民族又时尚。

设计师：胡静怡

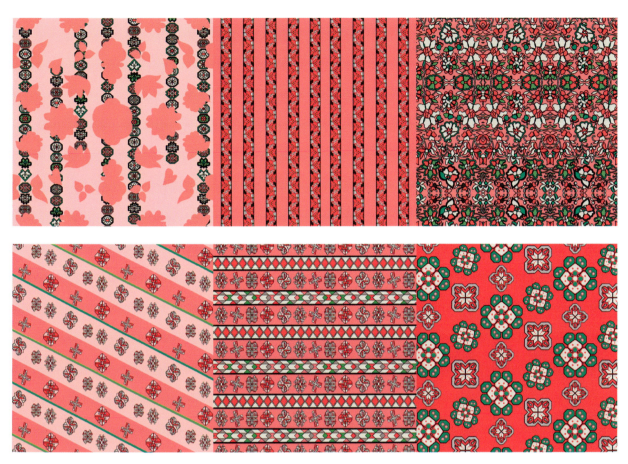

案例：地方旅游主题文创产品设计——少数民族主题文创方案

设计思路：朱伊纹样风格的民族主题文创设计将中国的民族元素运用朱伊纹样手法进行装饰设计，选择壮族、苗族、傣族、黎族、蒙古族、藏族为创作题材，画面中以朱伊纹样手法表现各民族的风土人情，表达对少数民族风俗及生活的向往热爱。

设计师：马乙娉

第三节　自然生态主题文创产品设计及案例

现代人们的生活节奏越来越快，人们在物质和精神方面的追求标准也越来越高，同时由于环境污染愈发严重，人们也越来越向往自然，人们在向自然界索取的同时也渐渐懂得如何与自然和谐共处。在文创产品设计方面，无论是形式、色彩还是造型，相较于过去都有了很大的突破和发展。很多设计师的创作灵感都来源于对大自然的感悟，他们随着对世界的不断认识，在设计方面不仅仅考虑外在的表现形式，更加重视对内在的理念需求的考虑。同时，自然生态元素也成为每季流行趋势的必备主题，并因其丰富的素材以不断变换的姿态展现。因此，文创产品设计领域对自然生态元素的应用和反映也是不可或缺的主题。

一、自然生态主题在文创产品设计领域的运用角度

（一）自然元素色彩的运用

一方面，大自然丰富的色彩是服装设计师的灵感宝库，无论是日出日落短暂的绚丽还是海底世界中的晶莹色泽，都能够给人们带来视觉的冲击，能够完美地融入服装色彩美学体系。另一方面，大自然色彩所携带的人文情怀也相应地保证了自然元素对于服装设计的意义。我国自古以来以黄色为尊，到了唐朝，皇家天子的专用色就是黄色，在"五行"之中黄色为"土"，以"土"为尊的这种思想又同儒家大一统思想相互交融，使得王朝确立自己的主体地位，即"中央土"的帝国。

（二）自然元素图案的运用

图案设计是一类文创产品设计的源头。自然元素中的花鸟鱼虫形态各异，美不胜收，为图案设计提供了丰富的素材。各民族、各时代的图案设计，向来以自然元素题材为主题。一方面因为此丰富、易见，另一方面也得益于自然元素在组合应用方面的灵活多变。

（三）自然元素材料的运用

数千年中，人们不断地从自然界中汲取灵感，使用自然界中的材料进行各类设计。体现对地球资源的节省，有着很大的环保意义。而人类也对纯天然材质具有与生俱来的亲切感。同时人们在探索新型材料的同时，还在不断地改良传统的自然材料。比如，皮革、棉麻等材料经过改良，能够在保证人们的亲切感的同时，给人们新的使用感受。这些初生或二次再造的材料均可作为文创产品的材料来源，发挥其优势。

案例：自然生态主题文创设计——热带雨林

设计思路：　本方案灵感来源于最能使人心情放松的热带雨林。新奇的植物和盘互交错的异域花朵式造型是展现繁复和复古魅力风格的关键，复杂精细的图案能够彰显奢华复的气质，商用和住宅环境皆宜，让人们迈入更加奇妙的幻想领域。

设计师：蔡钊颖

案例：自然生态主题文创设计——长颈鹿

设计思路：自然生态主题是每一季流行趋势不可或缺的方向，其中动物主题是常见的。有趣的是不同时间的动物主题会有不同内容，不同时代背景下，消费者会更倾向不同动物。本案中以长颈鹿为"主角"完成。

设计师：黄莜雅

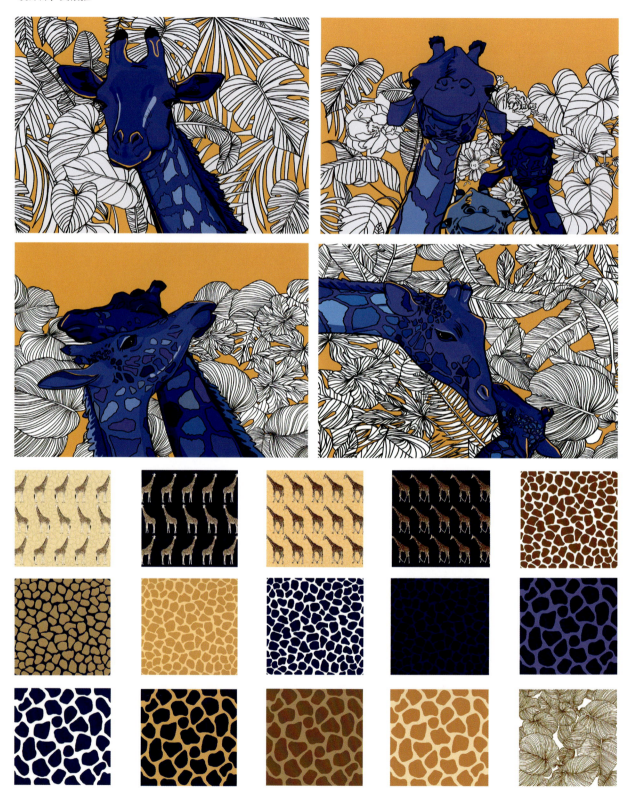

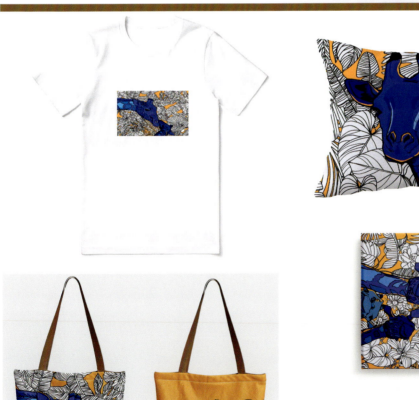

案例：自然生态主题文创设计——微生物主题文创设计

设计思路：该方案的灵感来源于细胞、微生物在显微镜下的图像。通过描绘微观世界的状态，发现其装饰特征，结合具有时尚感的色彩，完成此套作品。

设计师：葛辛淼

案例：自然生态主题文创设计——微生物主题文创设计

设计思路：该方案的灵感来源于细胞、微生物在显微镜下的图像。通过描绘微观世界的状态，发现其装饰特征，结合具有时尚感的色彩，完成此套作品。

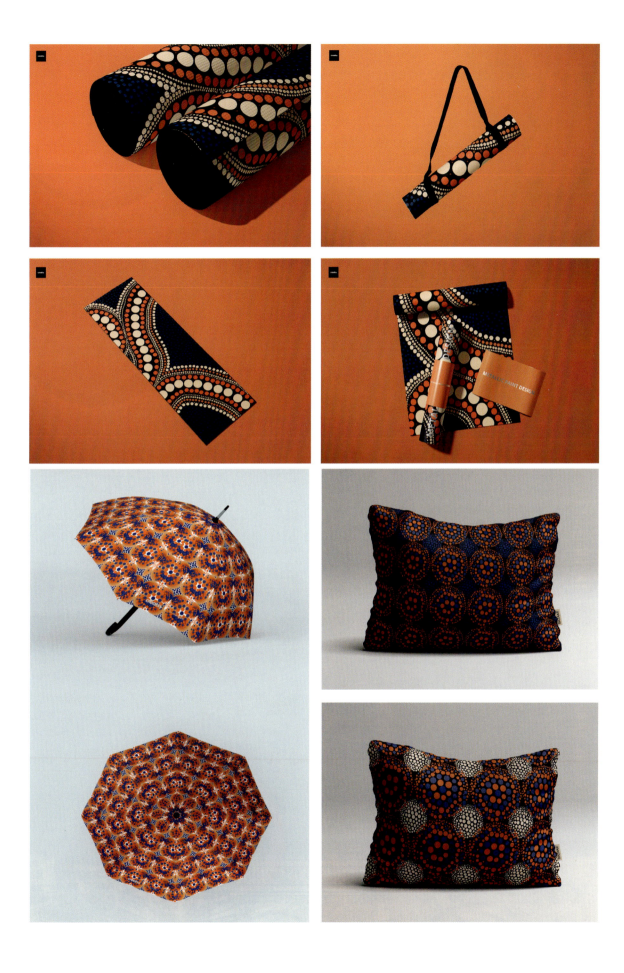